RECUEIL

DE
CHANSONS

CHOISIES.

DIVISÉ EN DEUX PARTIES.

A PARIS,

Chez SIMON BENARD, ruë S. Jacques,
au dessus des Mathurins, aux Armes du Roy,
de la Ville, & au Compas d'or.

M. DC. XCIV.

Avec Privilege du Roy.

LE LIBRAIRE
AU LECTEUR.

ES CHANSONS qu'on
donne au Public, n'ont pas
besoin de recommandation;
... elles ont couru
manuscrites ... tout ce qu'il y a de bons connoisseurs;
& quoique la plûpart des exemplaires
soient remplis de fautes comme il arrive d'ordinaire des pieces qui courent
écrits à la main, on y a cependant trouvé tout l'agrément qu'on peut souhaiter
dans des Pieces de cette nature. C'est
cet applaudissement general qui m'a fait
venir la pensée d'en donner un Recueil
au Public. J'ay cru que les honnêtes
gens me sçauroient gré d'une entreprise
qui leur seroit si utile. J'ay donc ramassé
le plus de Chansons que j'ay pû, &
afin d'éviter les fautes qui se trouvent
dans la plûpart des manuscrites, j'ay consul-

LE LIBRAIRE

AU LECTEUR.

LES Chansons qu'on donne au Public, n'ont pas besoin de recommandation, ni d'éloges ; elles ont couru, manuscrites, & ont été admirées de tout ce qu'il y a de bons connoisseurs ; & quoique la plûpart des exemplaires soient remplis de fautes, comme il arrive d'ordinaire des Ouvrages qui courent écrits à la main, on y a cependant trouvé tout l'agrément qu'on peut souhaitter dans des Piéces de cette nature. C'est cet applaudissement général qui m'a fait venir la pensée d'en donner un Recüeil au Public. J'ay crû que les honnestes gens me sçauroient gré d'une entreprise qui leur seroit si utile. J'ay donc ramassé le plus de Chansons que j'ay pû, & afin d'éviter les fautes qui se trouvent dans la plûpart des manuscrits, j'ay con-

LE LIBRAIRE

fronté les uns avec les autres, le plus
exactement qu'il m'a été possible. Je ne
doute pas qu'avec tout le soin que j'ay
pris, il ne s'y soit encore glissé quelques
fautes que le Lecteur aura la bonté de
pardonner. Il y a tant de noms étran-
gers, & presque tous si mal écrits dans
la plûpart des exemplaires, qu'il est im-
possible de ne se pas tromper dans quelqu'un.

Au reste, ce n'est point un larcin que
j'ay fait à d'Auteur, bien que cecy se
fasse sans sa participation. Des Piéces qui
sont entre les mains de tout le monde
appartiennent au Public, & lui-même
est trop galant homme pour me faire un
crime d'avoir procuré à tous les gens
d'esprit un plaisir qu'ils souhaittoient depuis si long-temps. Il n'est pas necessaire
de nommer icy l'Auteur dont je parle,
personne n'ignore que c'est le fameux
Monsieur de C*** si connu par le ta-
lent rare qu'il a pour ces sortes d'Ouvrages, & qui l'a rendu les délices de
tout ce qu'il y a de gens de bon goût
à la Cour, & à la Ville. Il a fait lui-
même son portrait dans plusieurs de ses
Chansons qu'on verra dans ce Recueil:
mais comme sa modestie l'a empêché de

dire ce qu'il y a de plus à son avantage, on trouvera bon que j'ajoûte quelque chose à tout ce qu'il a dit de lui-
même.

Monsieur de C*** donc est un homme capable de tout, mais qui a préferé
aux autres talens qu'il avoit, & dont il
pouvoit se servir avantageusement dans
le monde celuy de la Poësie; l'évenement fait voir qu'il ne s'est pas trompé,
car enfin toute autre occupation lui auroit attiré plus de peine, & moins de
gloire. Il a l'esprit solide & agréable en
même temps, personne ne conte, &
ne raille plus finement que luy, il est
capable des conversations les plus se-
rieuses, & les plus enjoüées, où il réüs-
sit toûjours également bien. On sçait
qu'étant à Rome avec Monsieur le Duc
de Chaulnes Ambassadeur de France auprés d'Alexandre VIII. & d'Innocent
XII. il se fit une aussi grande réputa-
tion delà les Monts, que celle qu'il
avoit en France. Jusques-là qu'Alexandre VIII. qui étoit homme d'esprit, &
agréable, ne pouvoit se passer de luy,
& prenoit plaisir à l'entretenir sur toutes sortes d'affaires. On sçait aussi que
ses Chansons sont fort estimées à Rome,

& qu'on les debite manuscrites avec un succès prodigieux ; enfin Monsieur de C*** est aujourd'hui aussi connu parmi les Etrangers que parmi les François, & il y a peu d'Auteurs qui ayent plus fait d'honneur à leur Patrie par leurs Ouvrages, que Monsieur de C*** par les Chansons. Monsieur de Corbinelli qui se connoît parfaitement en gens de mérite, l'a comparé dans des vers qu'il a faits à la loüange, à Voiture, & à Marot, & trouve dans lui seul le caractere de ces deux grands hommes. Mais pour juger de son mérite, il suffit de lire la premiere Partie de ses Chansons qu'on donne icy au Public, & c'est où l'on renvoye le Lecteur, il y trouvera par tout du sel, & de l'agrément, outre cela une plaisanterie fine qui n'offense personne.

Il est bon de remarquer qu'une partie de ces Chansons sont des Impromptus faits en conversation, ou à table, le verre à la main, elles n'en sont pas moins belles ; Monsieur de C *** est inimitable jusques dans les choses qui luy échapent sur le champ, & il n'y a personne dans ces rencontres qui pense, ni qui s'exprime comme luy.

AU LECTEUR.

Quelque agréables que soient ces Chansons lors qu'on les lit, c'est tout autre chose lors qu'on les chante ; il en est ainsi de tous les Ouvrages qui sont faits pour le chant.

Les airs sur lesquels ces Chansons ont été composées, sont connus de tout le monde, on a eu soin de les marquer fort exactement.

L'on a joint aux Chansons de Monsieur de C*** quelques autres qui composent la seconde Partie de ce Recüeil ; elles ont eu l'applaudissement du Public, & je croy qu'on sera bien aise de les trouver encore icy. Elles sont sur des airs particuliers, composées par les plus habiles Maîtres.

Les Etrangers qui se piquent de sçavoir toutes les Chansons qui courent en France, & qui s'en font honneur dans leur païs, ne seront pas fâchez de trouver icy un Recüeil des plus belles & des plus agréables, où ils verront le génie de la Nation parfaitement exprimé.

TABLE DES CHANSONS

Contenuës dans la premiere
partie de ce Recüeil.

TABLE.

TABLE.

Fin de la Table de la premiere Partie.

TABLE.

Fin de la Table de la premiere Partie.

TABLE DE LA SECONDE PARTIE

TABLE.

Fin de la Table.

RECUEIL

RECUEIL

DE
CHANSONS
CHOISIES.

PREMIERE PARTIE.

CHANSON

A la loüange DU ROY.

Sur l'air de Joconde.

LOUIS le chef d'œuvre des Cieux,
Que l'Univers admire,
Ah! que tes sujets sont heureux,
D'estre sous ton empire.

A

Lés Heros de l'Antiquité,

Te sont-ils comparables?

De toy l'on dit la verité,

D'eux, ce ne sont que fables.

AUTRE sur le mesme air.

A la loüange DU ROY.

GRAND ROY, tous les faiseurs de Vers,

Epuisent leurs genies,

Pour bien dépeindre à l'Univers,

Tes grandeurs infinies :

Racine & Boileau vainement

Ecrivent ton Histoire,

Puisque l'avenir seurement

Ne la pourra pas croire.

AUTRE *sur le mesme air.*

DEpuis qu'on a gâté les Airs

    Qui courrent par le monde,

Qu'on chante poüille à l'Univers

    Sur celuy de Joconde.

Fasse qui voudra des Chansons,

    J'abhore la satyre,

Lully donnez moy d'autres tons,

    Ou bien je me retire.

AUTRE *sur le même air.*

NE craignés pas gens inconnus,

    Que jamais je vous chante;

Soyez si vous voulés cocus,

    Ma Muse en est contente.

Je ne chante que mes Amis,

    Ma Femme & mes Parentes,

Des Lancelots, des Pains-benis,

    Des Rideaux, & des Pentes.

AUTRE sur le mesme air.

Quand j'ay quelque noire vapeur,
 Ou des peines secrettes,
Rien ne me rend ma belle humeur
 Comme ces Chansonnettes :
Heureux qui sans tant de façon
 Et sans Philosophie
Sçait charmer par une Chanson,
 Les chagrins de sa vie.

Socrate, Epictete, Zenon
 Et la bande Stoïque,
Se sont acquis un grand renom
 Par leur esprit critique,
Leur Sage qu'ils croyoient heureux
 Epuisa leurs loüanges,
J'en connois un plus sage qu'eux ;
 C'est l'enjoüé Coulange.

AUTRE sur le mesme air.

Manger, & rire inceſſamment

Eſt tout ce qui l'occupe,

D'un ſolide raiſonnement

Il n'eſt jamais la dupe,

Il eſt ſans chagrin, ſans ennuy,

Et rien ne l'importune,

Tout ce qu'il poſſede eſt à luy,

Et rien à la fortune.

AUTRE.

Sur le meſme air.

Nature en naiſſant me donna

Un rude & fâcheux pere,

Puis enſuite me gouverna

Précepteur trop ſevere;

Les Pédans par un Correcteur

M'ont écorché les feſſes,

CHANSONS

Et j'ay pour comble de malheur

Une femme diablesse,

On trouve moyen de guerir

La pierre, & la gravelle,

La peste ne fait pas mourir

Toûjours quoique mortelle,

A la mer on peut recouvrer

Un remede à la rage,

La mort seule peut délivrer

Du mal de mariage.

ADIEU A LA COUR.

Sur le mesme air.

CHer amy chaque instant du jour
    Je rends grace de l'heure
Que je suis sorti de la Cour ,
    Si je mens , que je meure :
Toûjours sur pied , & chapeau bas ,
    Agir par politique ,
S'entrebaiser comme Judas ,
    C'est ce qu'on y pratique.

    J'aime cent fois mieux mon todis
    Mes legumes , mes herbes ,
Que de nos plus fiers Amadis
    Les Palais si superbes ;
Où tout se trouve confondu
    Mesme jusques aux heures ,

A iiij

Le repos comme la vertu

N'y font plus leur demeure.

***

AUTRE sur le mesme air.

CEdez, ô beautez de la Cour,

Cedez à ma Bergere,

Son visage fait par l'amour

A ce qu'il faut pour plaire :

Chez vous les roses & les lys

Ne brillent qu'en peinture,

Mais la beauté de mon Iris

Est la pure nature.

***

SUR L'AIR.

Beuvons à nous quatre, &c.

VIve la Vilette,

C'est un lieu parfait,

Les bons repas qu'on y fait !

Chacun fa galette,

Et fon pot au lait.

Charmante Nonnette

Fait dire tout bas :

Ah ! mon Dieu, qu'elle a d'appas :

Ah ! qu'elle eft bien faite :

Quel dommage, helas !

Troupe jeune & fage

Compofe fa Cour,

Et jamais aucun amour

Cherchant un paffage

N'a furpris le tour.

Belle Chanoineffe

De Saint Auguftin ,

Vous vous levez trop matin ,

Un peu de pareffe

Repofe le teint.

※ ※ ※

Quoique l'on vous dife
De vos faints habits,
Je voudrois à vos Surplis
Du Point de Venife,
Qu'ils feroient jolis !

※ ※ ※

Vous avez des Anges
L'aimable candeur,
Au lieu d'aifle de couleur
Mettez des Fontanges
Pour paroiftre au Chœur.

※ ※ ※

Jeune & fage Abbeffe,
Je quitte ces lieux,
En vous faifant mes adieux,
La douleur me preffe,
J'en perds les deux yeux.

※ ※ ※

LE PAIN BENI DE LIVRY.

Sur l'air ;

Beuvons à nous quatre, &c.

ALlons à la feste,

La Feste à Livry,

Partons d'un cœur réjoüy,

Qu'un chacun s'apreste

Pour le Pain-beny.

※※※

La chaleur est grande,

Grande est la chaleur,

Cependant de tres-grand cœur

Portons nostre offrande

Au Pere Prieur.

※※※

Au tour de l'Eglise

Broches tourneront,

Charettes arriveront

Nape sera mise ,

Moines en riront.

***

Qui veut pain d'épice ,

Qui veut macarons ,

Approchez petits garçons ,

Approchez Nourrices

En voicy de bons.

***

Déja les trompettes ,

Fiffres & clairons

Font marcher dans nos vallons

Pelerines bien faites ,

Pelerins à bourdons.

***

Dans cette Assemblée

L'aimable Haudicourt

Se sera faire la Cour ,

Et prendra d'emblée

Les cœurs d'alentour.

Montjeron qui chante

Bien mieux qu'un Serin,

Charmera le Pelerin,

Cette belle enchante

Tout le genre humain.

Sauzay la Comtesse

Par ses doux appas

Charme qui n'y pense pas,

Je vois de la presse

A suivre ses pas.

Mais je vois Coulange

D'un air gracieux

Qui brille dans ces beaux lieux

Comme un petit Ange

Descendu des Cieux.

L'echo qui repete
Jusqu'au moindre cry,
Repetoit jusqu'à Rincy.
La belle Toilette,
Le beau Pain beny.

✻ ✻ ✻

Les peuples de Chelles
Et ceux de Clichy,
Se redisent à l'envy :
Mon Dieu, qu'elle est belle !
Le beau Pain-beny.

✻ ✻ ✻

Chaque oiseau qui vole
Retourne à son nid,
Pour amener son petit
Voir les banderoles
Sur le Pain-beny.

✻ ✻ ✻

Charmante Musique
Par ses tons divers

Fera retentir les airs

De divers cantiques,

Et de doux concerts.

Qu'est-ce qui la donne,

Dit un noir vestu,

C'est Monsieur l'Abbé T * *

Tout l'air en raisonne

Que ne l'entens-tu ?

Une femme brune

Dit : Le connois-tu ?

C'est Monsieur l'Abbé T * *

En cette Tribune

C'est ce nez pointu.

Certaine Marquise

Dit un Garde-bois,

Qu'on voyoit tant autrefois

Où s'est-elle mise ?

Depuis treize mois ?

Un Moine s'avance

Qui répond , Helas !

Hé quoy ! ne sçavez-vous pas

Qu'elle est en Provence

Elle & ses appas ?

Elle est enchantée

Auprés de Grignan ,

Et se plaît en le voyant ,

Tout comme Niquée

Prés de son Amant.

La Messe est finie ,

Il faut s'en aller ,

Pore balle à beau gronder ,

Je n'ay d'autre envie ,

Que de bien dîner.

Une

Une Mareschalle

De tres-grand renom,

Dit avec devotion,

Montons dans la Salle,

Le vin est fort bon.

On fit bonne chere,

On y but d'autant,

Tout le monde fut content,

Au lieu de m'en taire,

Je le vais chantant.

DIALOGUE DE M. DE B.

ET DE M. DE C.

Sur ce que ce dernier s'eftoit défait de la
Charge de Maître des Requeftes.

Sur l'air : *Or nous dites Marie, &c.*

Or nous dites Çoulange,

Magiftrat fans pareil,

Par quel caprice étrange,

Quittez vous le confeil ?

Ignorez vous l'hiftoire

Où long-temps avant nous,

Les Heros las de gloire,

Alloient planter des choux ?

Eft-ce un exemple à fuivre

Que Diocletien ?

Est-ce ainsi qu’il faut vivre,

Il n’estoit pas Chrestien ?

❊❊❊

Charles Quint qu’on admire

En a bien fait autant,

Quitta-t’il pas l’Empire

Pour vivre plus content ?

❊❊❊

Ouy, mais dans sa retraite,

Sçavez-vous ce qu’il fit ?

Tout seul dans sa chambrette,

Souvent s’en repentit

❊❊❊

La sçavante Christine

Ne s’en repentit pas,

Et de cette Heroïne,

Je veux suivre les pas.

❊❊❊

Mais d’Azolin dans Rome,

Ignorez vous les bruits,

Et que ce galant homme,

Sçut charmer ses ennuis ?

Du feu Roy de Pologne,

Monsieur que dîtes-vous ?

Qui long-têms sans vergogne,

A vescu parmy nous ?

Tableau de l'inconstance,

Moine, Roy, Cardinal,

Il vint mourir en France

Reduit à l'Hospital.

Le Diable vous emporte,

Monsieur & vos raisons,

Je vivray de la sorte,

Et feray des chansons.

LANCELOT TURPIN.

Sur l'air: *Pour vous voir un moment*
j'ay passé par Essonne.

Lancelot Turpin épousa sa Denise,
De Montmorency d'une famille exquise,
Qui fut à son mary femme toûjours soûmise.

Lancelot Turpin fit faire à sa Denise,
Pour garder son logis une simare grise,
Avec un collet clos d'un beau point de Venise.

Lancelot Turpin l'avoit si bien aprise,
Qu'elle soûtint souvent de vertes entreprises,
Et n'acorda jamais que des faveurs permises.

Lancelot Turpin portoit habit de frise,
Bordé de lacs d'amour avec des devises,
Semé par-cy par-là des chiffres de Denise.

Lancelot Turpin vivoit avec franchife,
Il vouloit que chez luy nape fuft toûjours mife,
Tant il avoit horeur de la faineantife.

❀❀❀

Lancelot Turpin eftoit de bonne prife,
Car il avoit toûjours de l'or dans fa valife,
Et quantité d'habits & de bonnes chemifes.

❀❀❀

Lancelot Turpin avoit fous fes remifes
Des caroffes dorez dignes de convoitife,
Car les bons ouvriers avoient fa chalandife.

❀❀❀

Lancelot Turpin eftoit homme de mife,
Il fit mains beaux exploits à l'attaque de Guife,
Et pouffa les Anglois jufques à la Tamife.

❀❀❀

Lancelot Turpin ayant la barbe grife,
Sur le dos de fon fils fut porté comme Anchife;
Un jour que le feu prit aux Faux-bourgs de Venife.

❀❀❀

Lancelot Turpin craignoit le vent de bise ,

Quand il estoit debout sa femme estoit assise ,

Sinon quand il estoit à genoux dans l'Eglise.

Lancelot Turpin pensa mourir à Pise ,

Pour avoir trop mangé de guigne & de cerise ,

Mais au septiéme jour il luy prit une crise.

Lancelot Turpin dit lors je prophetise ,

Qu'un fils né de mon sang dans la forme requise ,

Portera mes deux noms pourveu qu'on le baptise.

Lancelot Turpin que de gloire est acquise ,

A ce fils qui naistra de ta chere Denise ,

Le ciel veut que par luy ton nom s'immortalise.

Lancelot Turpin ne fit jamais sottise ,

Que de mourir , alors dans une belle Eglise ,

Son service fut fait à sept heures précises.

A LA LOUANGE
DES LANCELOTS,

Par Monsieur de Corbinelli.

LAncelot Turpin m'a fait crever de rire,

De l'air de Rabutin,

Son auteur peut écrire,

Pour peu qu'un Dieu badin

Sur Parnasse l'inspire.

Lancelot Turpin m'a fait crever de rire:

Un grand homme en Latin

L'a bien voulu traduire :

Un autre en Affriquain

Pretend le faire lire.

Lancelot Turpin m'a fait crever de rire,

Les bons mots d'Arlequin,

Lancelot

Lancelot peut détruire,

Et donner à Barbin

Quelque jour dequoy frire.

Lancelot Turpin m'a fait crever de rire,

N'a guere à Saint Germain,

Le Roi dit je defire,

Qu'il foit en parchemin,

De peur qu'on le déchire.

Lancelot Turpin m'a fait crever de rire,

Son Chancelier foudain

Bien loin d'y contredire,

En robe de fatin,

Y met un fceau de cire.

Lancelot Turpin ma fait crever de rire,

Chacun tient pour certain

Qu'il court par tout l'Empire,

Et que foir & matin,

C

Le Langrave l'admire.

❊❊❊

Lancelot Turpin m'a fait crever de rire,

Le Prince Palatin,

Du chant s'est fait inſtruire,

Et dans chaque feſtin,

Le fait dire & redire.

❊❊❊

Lancelot Turpin m'a fait crever de rire,

Le pauvre Vanbeuning,

Quand la Hollande expire,

Le chante au bord du Rhin,

Pour flatter ſon martyre.

❊❊❊

Lancelot Turpin m'a fait crever de rire,

Sçavez-vous qu'à Berlin

Brandebourg le deſire

Pour paſſer ſon chagrin:

Croyez vous qu'il s'en tire ?

❊❊❊

Lancelot Turpin m'a fait crever de rire,

Tout le peuple Romain,

Pour fa gloire confpire,

Et Marphore & Pafquin,

En quittent la fatyre.

Lancelot Turpin m'a fait crever de rire,

Sur le Mont Aventin,

Le Pape a fait conftruire

Deux colonnes d'airain,

Pour là le faire infcrire.

Lancelot Turpin m'a fait crever de rire,

Quand le temps eft ferein,

Le Patron du Navire

Chantant cet air divin,

Penfe fe mieux conduire.

C ij

Lancelot Turpin m'a fait crever de rire,

De cet homme de bien,

Momus n'a pû médire,

Et Phebus le blondin

Le chante sur la lyre,

Lancelot Turpin m'a fait crever de rire,

POUR

MESDEMOISELLES

BERAUD

de Lyon.

Sur l'air de Lancelot Turpin.

MEsdemoiselles Beraud l'Aînée & la Cadette

Meriteroient des Vers d'un excellent Poëte,

Pour chanter leurs vertus & leur humeur parfaite.

Mesdemoiselles Beraud l'Aînée & la Cadette

Ont des esprits charmans & des tailles bienfaites,

Et jamais dans Lyon n'ont passé pour coquettes.

Mesdemoiselles Beraud l'Aînée & la Cadette,

En sortant de leur lit, quand leur Priere est faite,

S'en vont se pignauder chacune à sa toilette.

C iij

Mesdemoiselles Beraud l'Aînée & la Cadette,

Donnent de bons repas dedans leur maisonnette ;

Leur vaisselle d'argent est toûjours claire & nette.

✼✼✼

Mesdemoiselles Beraud l'Aînée & la Cadette,

Pour allumer leur feu se servent d'alumettes,

Et leur foyer n'est point sans pelle ni pincettes.

✼✼✼

Mesdemoiselles Beraud l'Aînée & la Cadette,

Pour joüer au volant se servent de palettes,

Et quand ils sont trop gros se servent de raquettes.

✼✼✼

Mesdemoiselles Beraud l'Aînée & la Cadette,

Pour appeller leurs gens font marcher la sonnette,

Et l'on voit aussi-tost ou Brunette ou Nannette.

✼✼✼

Mesdemoiselles Beraud l'Aînée & la Cadette,

Voudroient voir l'Opera de Cadmus ou d'Admete,

Mais l'on ne voit icy que de franches mazettes.

✼✼✼

Mesdemoiselles Beraud l'Aînée & la Cadette,

Je prens congé de vous & de vos deux cornettes,

Je m'en vais à Paris , & je vous y souhaitte.

✦✦✦

Mesdemoiselles Beraud l'Aînée & la Cadette,

Souvenez-vous de moy , & dans vôtre cassette

Gardez bien mes chansons, ce ne sont point sornet-
tes.

POUR

MADAME

LA MARESCHALE

DE SCHOMBERG.

Sur le mesme air.

J'Adore vos beaux yeux, divine Maréchale,
Illustre rejeton de la Maison d'Aumale,
Qui tient par mille endroits à la Maison Royale.

✻❀✻

J'adore vos beaux yeux, divine Maréchale,
Epouse d'un Heros, qui tant d'exploits étale,
Qu'il égale aujourd'hui le vainqueur de Pharsale.

✻❀✻

J'adore vos beaux yeux, divine Maréchale,
Autrefois je craignois vous & vôtre cabale,
Mais à present mon cœur auprés de vous s'exhale.

J'adore vos beaux yeux, divine Maréchale,
Hé n'aurés-vous jamais dans vos maux d'intervale,
N'est-il point pour cela de bonne eau minérale ?

※ ※ ※

J'adore, vos beaux yeux, divine Maréchale,
Cependant leur éclat efface ceux d'Omphale,
Dont Hercule éprouva la puissance fatale.

※ ※ ※

J'adore vos beaux yeux, divine Maréchale,
Si vous pouviez m'aimer, où seroit le scandale ?
Je n'ay pas les attraits qu'avoit le beau Cephale.

※ ※ ※

J'adore vos beaux yeux, divine Maréchale,
Mais je parle aux Rochers, vous estes une Vestale
Qui ne pouvez souffrir que la foy conjugale.

※ ※ ※

J'adore vos beaux yeux, divine Maréchale,
Vous estes l'ornement de vôtre Capitale,
Que n'estes vous l'honneur de vôtre Cathedrale ?

※ ※ ※

J'adore vos beaux yeux, divine Maréchale,

Je vais chantant par tout le beau le bon regain

Que me fait chaque jour vôtre ame liberale.

❊❊❊

J'adore vos beaux yeux, divine Maréchale,

Ma Muse, finissons ; il faut que je détale,

Car ma rime à la fin deviendroit triviale.

SUR UN CABINET

Rempli

DE PORTRAITS.

Sur l'air : *Tout mortel doit icy paroiftre.*

Tout Portrait doit icy paroiftre,

Il y faut eftre

Grands & petits,

De l'oubli le portrait délivre

Il fait revivre

Nos vieux amis.

Venez tous dans mon cabinet

Chacun pour fa parure

Aura fa bordure

Avec fon cloud à crochet.

Auffi-toft qu'un portrait chez moy paffe,

Et qu'il a pris fa place,

Jamais il n'en fort.

C'est pour tous une loy necessaire,

L'effort qu'on peut faire

N'est qu'un vain effort.

Je le coigne,

Je le recoigne

Cette besoigne

Tient si fort,

Qu'aussi-tost qu'un portrait chez moy passe,

Et qu'il a pris sa place,

Jamais il n'en sort.

Qu'on l'admire,

Qu'on le desire,

Qu'on en soupire,

J'en suis d'accord :

Mais si-tost qu'un portrait chez moy passe,

Et qu'il a pris sa place,

Jamais il n'en sort.

POUR

MADAME LA COMTESSE

DE GRIGNAN

Revenant à Paris,

Sur l'air : *Malgré tant d'orages.*

Malgré tant de neiges

Nous faisons cortege

A la belle Iris,

Qui revient à Paris.

Mon Dieu, quelle est belle,

Et qu'elle a d'appas !

Est-ce une mortelle ?

Je ne le croy pas ;

Voicy la querelle

Du bon Saint Thomas :

Il faut que j'y touche.

Vraiment c'est sa bouche,

Et son teint de lys.

Malgré tant de neige

Nous faisons cortege

A la belle Iris

Qui revient à Paris.

REPONSE A UN BILLET

DE MADAME

DE LAMOIGNON

Pour aller paſſer les Feſtes de Noël
à Baville.

Sur le meſme air.

Quelque temps qu'il faſſe,
Broüillards, neige ou glace,
Dégel ou verglas,
Je vous ſuis pas à pas.
De la grande ville
Fuyons le tracas,
Il eſt la Vigile
Du bon Saint Thomas.
Allons à Baville
Prendre nos ébats,

Heureux qui voyage

En bon équipage

Qu'il ne nourrit pas.

Quelque temps qu'il fasse,

Brouillards, neige ou glace,

Degel ou verglas,

Je vous suis pas à pas.

SUR L'AIR

Belle charmante.

DE ce Chastel antique

Monsieur Pinard * *Secretaire d'Estat, qui a*
basti le Chasteau de Louvois.

En habit magnifique

Sortoit fort tard,

Faisant toûjours son petit pot à part.

Il alloit à Germaine

Voir tous ses bois,

Il alloit dans la plaine

Ramer

Ramer ſes poids :

C'étoit un habile homme, en bon François.

⁂

Pinard voyant la pluye

    Laiſſoit pleuvoir,

Et dans ſa galerie

    S'alloit aſſeoir,

Mettant dans le beau temps tout ſon eſpoir.

⁂

Chaque Feſte & Dimanche

    Dame Pinard

Mettoit & corps & manches

    D'un gros brocard,

Et n'oublioit jamais rouge ni fard.

⁂

Elle alloit à confeſſe

    Fort rarement,

Elle entendoit la Meſſe

    Gaillardement

Mais donnoit à l'Offrande largement.

D

INPROMPTU.

Sur le mesme air.

Désolé par la puce,

Et le Cousin,

Plût à Dieu que je n'eusse

Jambe ni main,

Me grateray-je hélas !

Soir & matin?

LA PRECIEUSE
DE LA PORTE
S. BERNARD.

Sur l'air : *Quel spectacle charmant.*

Quel spectacle indecent se presente à mes yeux ?
Des hommes vraiment nuds au bord de la riviere!
Me font évanoüir, ah ! de grace, ma chere,
    Evitons cet objet affreux.
Allez viste, Cocher, retournons à la ville ,
    Je suis passe, je suis débile :
    Toutes les horreurs que je voy
Me feront renfermer pour plus d'un an chez moy.
Il faudroit par ordonnance
    Réformer cet abus ;
Et que le Roy là-dessus

D ij

Fît une bonne défense

Aux gens de se baigner que chauffez & vêtus.

Il faudroit par ordonnance

Réformer cet abus,

Et que le Roy là-deffus

Fît une bonne défense,

Aux gens de se beigner que chauffez & vêtus.

L'ADIEU
DES ETATS

DE BRETAGNE

Tenus à Vitré.

Sur l'air *de la Fronde.*

IL faut sur un ton lamentable

Se faire de tristes adieux ;

Quant à moy le chagrin m'accable,

Les larmes m'en viennent aux yeux.

Adieu Vitré, Ville en Bretagne,

Adieu vray païs de cocagne,

Adieu Bretons, adieu Prelats,

Adieu tous Messieurs des Estats.

L'on menoit icy bonne vie,

L'on y joüoit soir & matin,

L'on alloit à la Comedie,

Chaque repas estoit festin:

Le Bal réveilloit la Jeunesse,

Où j'ay vû certaine Comtesse * *Madame la Comtesse de Tonquedec.*

Ravir le cœur, charmer les yeux

Quand elle dansoit les Mayeux.

Pour vous, illustre Gouvernante,

Pour vous, illustre Gouverneur,

Ma Muse n'est pas suffisante

Pour dire avec quelle grandeur,

Avec quelle magnificence

Vous faites l'honneur de la France;

Vous sousteniez en verité

Tout l'éclat de la Royauté.

C'estoit une si grosse presse

Dans vos vastes appartemens,

Que pour vous voir j'étois sans cesse

Contraint de grimper sur les bancs;

Vostre Cour estoit si parfaite,

Que le vol de vostre toilette

Fit connoistre que les larrons,

Se fourroient parmi les Bretons.

※ ※ ※

Je vous fais humble reverence,

Partez Peres, volez Epoux,

Rohan portez en diligence,

Les presens des Etats chez nous ;

Adieu Lavardin qu'on révere,

Soyez encore une fois pere,

Ne nous laissez pas sans espoir

D'un rejetton de Beaumanoir.

※ ※ ※

Quelqu'un voudra-t'il se défendre

D'estimer le grand Boucherat ?

Ah ! que je me sens le cœur tendre

Pour cet aimable Magistrat !

Prés de luy l'on vit sans contrainte,

L'on chante, l'on rit, & l'on pinte,

Et sans choquer sa gravité,

Chez luy regne l'humanité.

✳✳✳

Il faudroit bien une autre langue

Que langue à chanter des chansons,

Harlay pour loüer la harangue

Que vous avez fait aux Bretons :

LOUIS LE GRAND pour ses affaires

Sçait bien choisir ses Commissaires ;

Et nostre premier Président

N'est-il pas un homme charmant.

✳✳✳

Adieu, petite Bedoyere,

Adieu, Marquise de Carman,

Tonquedec & sa Belle-mere ;

La Coste, Marbeuf & Du Han.

Mais je vois Carosse, & litiere,

Quoy chacun vers sa chacuniere

Se dispose à tourner ses pas :

Adieu donc, Messieurs des Estats.

L'ADIEU

L'ADIEU
DES ETATS
DE BRETAGNE

Qui se tenoient aux Cordeliers de
Nantes.

Sur l'air : *Ne troublez pas nos jeux,*
importune raison.

Puis qu'enfin aujourd'huy finissent les Etats,

Adieu Prelats, Barons, ville de Nantes,

Adieu Messieurs du tiers, adieu les grands repas,

Dont il n'est malotru qui ne se sente.

   Adieu tous les plaisirs, adieu maris fâcheux,

Que je vous plains chez vous, femmes galantes,

Détalez promptement, Marchands de tous métiers,

   Voilà le bon temps passé,

Balayez vos dortoirs, bons Peres Cordeliers.

E

Il faut qu'au bruit succede le silence,

Rentrez dans le devoir, Novices dissipez,

Et vous, Gardien, prêchez

La Penitence.

ADIEU
AUX DAMES
DES ETATS DE BRETAGNE
Sur l'air : *Tranquilles cœurs.*

BElles, quittez vos beaux habits,

Il faut retourner au Village,

Reprendre un cotillon gris,

Et les soins de vostre ménage,

Les Festes seulement pour plaire à vos sujets,

Parez-vous de bouquets.

Ne songez plus à vos Amans,

Il faut mener une autre vie,

Entendre crier vos enfans,

Voir un mary qui vous ennuye,

Que vous direz : Ah ! ce temps-cy n'eſt pas

L'heureux temps des Etats.

AVIS

AUX PERES DE FAMILLE.

Sur l'air *des Ennuyeux.*

Pour bien élever vos enfans ,

N'épargnez Precepteur ni mie ;

Mais juſques à ce qu'ils ſoient grands,

Faites les taire en compagnie ,

Car rien ne donne tant d'ennuy

Que d'écouter l'enfant d'autruy.

Le Pere aveugle croit toûjours

Que ſon fils dit choſes exquiſes ;

Les autres voudroient eſtre ſourds,

Qui n'entendent que des sottises ;

Mais il faut de necessité

Applaudir à l'enfant gasté.

❈ ❈ ❈

Quand on vous a dit d'un bon ton

Qu'il est joly, qu'il est bien sage,

Qu'on luy a donné du bon bon,

N'en exigez pas d'avantage,

Faites-luy faire serviteur,

Aussi bien qu'à son Precepteur.

❈ ❈ ❈

Peres charmez de vos enfans,

Recevez cet avis sincere,

Estant seuls prenez vostre temps

Pour joüir des plaisirs de pere,

Mais en public en verité,

Suspendez la paternité.

❈ ❈ ❈

Parlant d'eux ne dites jamais

Qu'ils sont beaux, ni qu'ils sont aimables ;

Un pere fait mal des portraits,
Efope l'apprend dans fes fables :
Voyez celle du Chathuan,
Et croyez-moy, profitez-en.

* * *

Qui croiroit qu'avec du bon fens,
Quelqu'un puft s'avifer d'écrire
A des marmoufets de trois ans,
Qui de quatre ans ne fçauront lire ;
D'un pere encor dernierement
Je vis ce fade amufement.

* * *

Sçachez encor, mes bonnes gens,
Que rien n'eft plus infupportable,
Que de voir vos petits enfans
En rang d'oignon à la grande table,
Des morveux qui le menton gras,
Mettent les doigts dans tous les plats.

* * *

Qu'ils mangent d'un autre cofté

Sous les yeux d'une gouvernante,

Qui leur prefche la propreté,

Et qui ne foit point indulgente;

Car on ne peut trop promptement

Apprendre à manger proprement.

✻✻✻

Jadis le potage on mangeoit

Dans le plat fans ceremonie,

Et fa cuillier on effuyoit

Souvent fur la poule boüillie;

Dans la fricaffée autrefois

On fauffoit fon pain & fes doigts.

✻✻✻

Chacun mange prefentement

Son potage fur fon affiette,

Il faut fe fervir poliment

Et de cuillier & de fourchette,

Et de temps en temps qu'un valet

Les aille laver au buffet.

Tant qu'on peut il faut éviter

Sur la nappe de rien répandre ,

Tirer du plat sans hesiter ,

Le morceau que l'on y veut prendre ,

Et que voftre affiette jamais

Ne ferve pour differens mets.

Tres-fouvent il en faut changer ,

Pour en changer elles font faites ,

Tout ainfi que pour s'effuyer

On vous donne des ferviettes ;

A table comme ailleurs enfin

Il faut fonger à fon prochain.

Combien ay-je trouvé de gens ,

Mais des gens de grande importance ,

Qui fur ce point par leurs parens ,

Gaftez dés leur plus tendre enfance ,

Entaffent morceaux fur morceaux ,

Et mangent comme des pourceaux.

E iiij

En faveur des petits enfans

Je veux gronder les gouvernantes,

Qui pour les rendre obéïssans,

Leur font des peurs extravagantes,

Et qui contentes du succez

Les rendent peureux à jamais.

On leur fait peur du loup-garou,

On leur fait peur de la grand beste;

Le dragon va sortir d'un trou

Qui pour les avaler s'appreste,

Enfin ces petits malheureux

N'ont que des monstres autour d'eux.

De là vient que quand ils sont grands

Ils ont peur par accoustumance;

De là vient que les objets blancs

La nuit mettent leur cœur en trance,

Et qu'effrayez des moindres bruits,

Ils croyent que ce sont des esprits.

L'on n'ose plus passer les nuits
Sans une escorte ou sans lumiere,
L'on voudroit estre au fond d'un puits
Si-tost qu'il tonne ou qu'il éclaire,
Et mesme avec beaucoup de cœur
L'on ne peut vaincre cette peur.

Je ne sçaurois trop condamner
Encor ces craintes mal fondées,
De se trouver treize à dîner,
Et des salieres renversées,
Et cent mille autres pauvretés,
Dont bien des gens sont entestés.

Peres, ne soyez point fâchez
D'un avis aussi necessaire,
Tant que vous pourrez empêchez
Tous les sots contes de commere,
Qui ne servent à nos enfans
Qu'à les gaster petits & grands.

LE PERE DE FAMILLE
donnant à dîner à M. de ***

Sur le même air.

EMportez viste voftre fils,

Et ne vous montrez pas, Nourice,

Qu'on faffe manger les petits,

Et leur Precepteur dans l'office,

Car aujourd'huy dîne ceans

Le fleau des petits enfans.

POUR MADAME
DU GUE' BAGNOL,
Intendante à Lyon.

Sur le même air.

AImable Intendante, fans vous

J'aurois une trifte vieilleffe,

Car souvent (soit dit entre nous)

Fortune sans argent me laisse,

Mais je ne puis faire le gueux,

Il fait bon battre glorieux.

⁂

A mon âge on a grand besoin

De calottes & de Lunettes,

C'est toûjours vous qui prenez soin

De ces necessaires emplettes,

Et qui me faites voir encor

Qu'il est pour moy des louis d'or.

⁂

Je vous adore jour & nuit,

Je vous aime plus que ma vie,

Vos savates font un grand bruit,

Je les chante, & je les publie,

J'attens encor de vos bontez

Mitaines & manteaux fourrez.

POUR
MONSIEUR
DE ***

Sur le mesme air.

Voulez-vous dans voftre maifon

Faire à vos amis bonne chere,

Vivez avec eux fans façon,

Donnez liberté toute entiere,

Loin de les fuivre pas à pas,

Tres-fouvent ne les voyez pas.

POUR MADAME
LA MARQUISE
DE ROCHEFORT

Sur le mesme air.

L'Incomparable Rochefort

Veut-elle qu'on luy dife encor

Qu'elle eſt maîtreſſe de mon ſort,

Et que c'eſt elle que j'adore ;

J'ay beau luy repeter ſouvent,

Autant en emporte le vent.

POUR

MADAME

DE * * *

Sur le meſme air.

POur tranquillement voyager,

Mépriſez les trous , les ornieres ,

Taſchez de vous accouſtumer

Aux penchants des bords des rivieres ;

Car en criant à chaque pas ,

Madame , vous ne vivez pas.

POUR LES PRENEURS
de Caffé.

Sur le mesme air,

Voulez-vous prendre du caffé,

Mais le prendre avec methode,

C'est à dire pour la santé,

Et non point pour estre à la mode,

Affublez-vous d'un voile épais,

Et l'avalez à petits traits.

POUR

LES DAMES.

Sur le mesme air.

Quand à table l'on veut chanter,

Fumer, & boire avec licence,

La femme doit se retirer,

Et faire une humble reverence ,

Pour éviter certains propos ,

Enfans des pintes & des pots.

SUR UN VOYAGE

FAIT

Avec MADAME de ***

Sur le mesme air.

JE vous quitte , mon cher Paris ,

Avec une joye infinie ,

Je m'en vais courir le païs ,

Le païs de galanterie ,

Je prens l'amour pour conducteur ,

Et Bachus pour mon protecteur.

Je m'en vais suivre pas à pas

Une Nimphe belle & charmante,

Son air a pour moy des appas ,

Et tout son procedé m'enchante ;

Pluft à Dieu que ma belle humeur

Puft un jour luy toucher le cœur.

<hr>

A U T R E sur le mesme air.

CHaque ville a son boutte-en-train,

Qui veut l'eftre quoy qu'il en coufte,

Nous l'avons vû par le chemin

Dans les villes de noftre route ;

Boutte-en-train de Chafteau-Thierry ,

C'eft la Dame de Veffigny.

POUR

POUR MADAME

LA COMTESSE

DE * * *

Sur le même air.

MA pauvre sœur, qu'il est aisé
De vous faire au ventre une bosse ;
Belle Comtesse de S. * * *
Tous les neuf mois vous estes grosse ;
Quand vostre époux sera venu,
Envoyez-le chez la Cornu.

Fut-il jamais rien moins charmant
Qu'un tas d'enfans qui toûjours crie ;
L'un dit Papa, l'autre maman,
Et l'autre pleure aprés sa mie,
Et pour avoir cet entretien,
Vous estes maigre comme un chien.

E

Pour moy, je n'ay point cet ennuy,

Et je m'en trouve plus habile;

Heureux qui n'en fait point chez luy,

S'il en fait qui les fait en ville,

L'on n'a point d'incommodité,

Toûjours bon temps & liberté.

SUR LES QUATRE
FAMEUX CABARETS
De Rome.

C Sur l'air *de Lampons.*

SUr mer fuyons les combats,

Pour moy je fais plus de cas

Des vaisseaux de la Palotte,

Que de tous ceux de la flotte.

Lampons, lampons,

Camarades lampons.

Le bruit court que Papachin
Nous prendra quelque matin ;
Il vaut mieux baiſer la mule
Du ſaint homme Pape Jule.

Lampons, lampons,
Camarades lampons.

Mourons où mourut Bourbon
Il éterniſa ſon nom,
Suivant l'Hiſtoire profane
A Porte l'Ethimiane.

Lampons, lampons,
Camarades lampons.

J'opine à reſter icy,
J'y bois fort bien, Dieu merci :
J'aime mieux le mont Tetache
Que le quartier S. Euſtache.

Lampons, lampons,
Camarades lampons.

CHANSON
FAITE
A GENNES.

Sur l'air *de Jean de Vert.*

VIvons icy tranquillement,
Faisons-y bonne chere;
Il ne faut pas legerement
Remonter en galere;
Le plus sûr est en ce païs
De se conformer à la vie
Des gens de mer,
Des gens de mer.

Puisqu'enfin nôtre Ambassadeur
A remis pied à terre,
Peut-on luy rendre trop d'honneur?
Armons-nous tous d'un verre,

Et beuvons pour hauffer le tems,

Car ce font là les fentimens

Des gens de mer,

Des gens de mer.

II eft conftant que Ratabon

Fait honneur à la France,

La Cour doit avoir tout de bon

Egard à fa dépenfe.

Heureux abry que fa maifon,

Affreux fejour que le gavon

Des gens de mer,

Des gens de mer.

AUTRE CHANSON

Faite en partant de Genes.

C   Sur l'air *des Trembleurs.*

Quel plaisir sur l'onde amere
D'estre dans une galere !
Quand on voit d'un vent prospere
Le Maraboutin bouffi :
Mais de voir dans un repaire
Un vent à l'autre contraire,
Et qu'un Levant refractaire
Au Ponant fait un défi, fi, fi, fi, fi,
Nargue des flots
Quand ils sont gros,
A terre vuidons en repos
Les pots, les pots, les pots, les pots.

AUTRE sur le mesme air.

LE cruel mal que la goutte !

Quand la diablesse s'y boutte

Elle vous met en déroute

Les pieds, les mains, les genoux :

Faut-il que je la redoute ?

Faut-il aussi qu'il m'en coûte

De n'oser boire une goutte

De ces vins picquans & doux, doux, doux, doux,
doux :

    Ma foy beuvons,

    Recommençons,

Je n'ay plus la goutte aux talons,

Allons, beuvons, allons, beuvons, &c.

SUR

UN VIEUX LIT

DE FAMILLE

Retrouvé à Sufy chez Madame Amelot,

Sur l'air ; enfin grace au dépit.

ENfin je vous revois vieux lit dé damas verd,

Vos rideaux font d'Eté, & vos pantes d'Hyver.

Jé vous revois vieux lit fi cheri de mes peres

Où jadis toutes mes grands-meres

Lors que Dieu leur donnoit d'heureux accouche-
    mens
De leur fecondité recevoient complimens.

Helas ! que vous avez une taille écrafée,

L'on ne voit plus en vous ni grace, ni façon,

Autant de modes que d'années.

Aujourd'huy le Tapiffier Bon

A fi bien fait par fes journées,

Qu'un lit tient toute une maifon.
           COUPLET

COUPLET

EN RE'PONSE

A MONSIEUR DE ***

Sur un vieux Lit.

Sur l'air : *Enfin grace au dépit.*

DEpuis assez long-tems je ne vous ay pas veu ;

Vous n'étiez pas fort grand, & vous n'êtes pas crû.

Sur mon dur matelas plus dé crin que de laine

Vôtre mere accoucha sans peine,

Elle vous mit au jour sans souffrir de douleur ,

Et poussa seulement quelques cris par honneur.

Les Devins consultez cette même journée

Prédirent que le fils de Jeanne Dormesson

Verroit sa fortune bornée

Par quelque mauvaise chanson,

Et que ç'étoit là destinée

De ce pauvre petit garçon.

G

RESPONSE
A LA RESPONSE.
Sur le mesme air.

QUand je me divertis dequoy se mêle-t-on
De vouloir plaisanter d'un couplet de chanson !
Ne puis-je, sans trouver de Goguenard critique,
    Rire aux dépens d'un lit antique ?
Pourquoy vouloir donner des yeux à ce vieux lit
Pour voir si je suis grand, ou si je suis petit ?
Critique, si le lit où couchoient tes grands peres
Avoient eu de leur tems la faculté de voir,
    Peut-estre eust-il eu force affaires
    Contre le nuptial devoir.
    Un lit sert à bien des mysteres
    Qu'il ne faut pas toûjours sçavoir.

LE
MARIAGE
DE MONSIEUR
LE PRINCE DE TURENNE.

Sur l'air :

Laissez paître vos bestes.

CHantons le mariage,

De Turenne, & de Vantadour ;

  Dieu leur doint bon ménage,

  Et repos plus d'un jour.

Chez la Tante de la Ferté,

Le grand repas fut aprêté

Pour maintes gens de qualité,

  Parens considerables ;

Princes du Sang, & Ducs & Pairs

  Partagerent deux tables

  De cinq fois dix couverts.

G ij

꽃꽃꽃

Chantons le mariage

De Turenne, & de Vantadour;

Dieu leur doint bon ménage,

Et repos plus d'un jour.

Les Conviez étant assis

On leur servit des mets exquis,

Bisques, ortolans, faisans, perdrix.

Dieux quelle grande chere!

Les bons vins qu'on but à longs traits!

Le festin d'Assuere

N'en approcha jamais.

꽃꽃꽃

Chantons le mariage

De Turenne, & de Vantadour;

Dieu leur doint bon ménage,

Et repos plus d'un jour.

Aprés souper les violons

Firent de charmans carillons,

Le tout à l'honneur des Boüillons.

Le concert, la Mufique,

Les airs, les voix, les inftrumens,

Un fpectacle comique,

Tout réjoüit les fens.

﷽

Chantons le mariage

De Turenne, & de Vantadour;

Dieu leur doint bon ménage,

Et repos plus d'un jour.

Dés auffi-toft qu'on entendit

Sonner minuit, on defcendit,

Tout le monde en foule fortit;

L'on marche, & chacun tâche

D'aller voir Langres promptement,

Qui Siege à faint Euftache

Epifcopalement.

﷽

Chantons le mariage

De Turenne, & de Vantadour;

Dieu leur doint bon ménage,

G iij

Et repos plus d'un jour.

L'Epoux, l'Epouse d'un pas lent

Arriverent d'un air content,

Et le peuple dit, en chantant,

Ah ! que la Mariée

Tout ainsi que le Marié

Est bien appariée,

Est bien apparié !

***

Chantons le mariage

De Turenne, & de Vantadour;

Dieu leur doint bon ménage,

Et repos plus d'un jour.

Le grand Prelat tres-doctement

Harangua sur le Sacrement,

Et cita le Vieux Testament;

Toute la Compagnie

Admira ses traits éloquens,

Et la ceremonie

Ne dura pas long-tems.

Chantons le mariage

De Turenne , & de Vantadour ;

Dieu leur doint bon ménage ,

Et repos plus d'un jour.

Les Mariez dans leur logis

Par la famille & les amis

Furent tres-promptement suivis ;

La presse est aux toilettes ,

Et pour les mettre dans le lit

L'on dit tant de fornettes

Que l'Hymen en rougit.

Chantons le mariage

De Turenne, & de Vantadour ;

Dieu leur doint bon ménage ,

Et repos plus d'un jour.

Le lendemain tous les parens

Du succés parurent contens,

On apporta force presens,

Belles-meres & Tantes

Donnerent perles, & rubis,

Des parures brillantes,

Et des bijoux de prix.

Chantons le mariage

De Turenne, & de Vantadour;

Dieu leur doint bon ménage,

Et repos plus d'un jour.

Turenne, tout ce que je dis,

Et qu'en Chanſon je vous écris;

On nous l'a mandé de Paris;

Il faut en diligence

Un enfant de vôtre façon,

Un Heros d'importance

Digne de vôtre nom.

LE PAIN BENY
DE BAVILLE.

Sur le mesme air.

QUittez la grande Ville,

Gens de Cour, & gens de Paris;

Venez voir à Baville

Le Roy des Pains benis.

C'est tout de bon qu'à Saint Cheron,

Belle Dame de Lamoignon,

Le donne à Pasque, ce dit-on:

De riches banderolles

Le Pain beni sera paré,

Du cierge les pistoles

Charmeront le Curé.

Quittez la grande Ville,

Gens de Cour, & gens de Paris;

Venez voir à Baville

Le Roy des Pains benis.

Dés qu'il sera sorti du four

Nous danserons tous à l'entour

Au son du fiffre, & du tambour :

Qui menera la bande

Sera l'Avocat General,

Dansera Sarabande

La Servante à Pascal.

❊❊❊

Quittez la grande Ville

Gens de Cour, & gens de Paris,

Venez voir à Baville

Le Roy des Pains benis.

De Saint Maurice, & de Courson

Tous les peuples viendront au son,

Coulange prendra Lamoignon,

Pequot prendra Baville,

Et la belle Ollier S. Germain,

Suivis de Gersonville,

Et du Pere Papin.

✳✳✳

Quittez la grande Ville

Gens de Cour , & gens de Paris ;

Venez voir à Baville

Le Roy des Pains benis.

Le Pere Primours ira bon train ,

Car il n'eſt point du tout chagrin ;

Il chantera même au Lutrin.

Baignol plein de prudence

Nous fera connoître en ce jour

Qu'un homme d'importance

Peut vivre hors de la Cour.

✳✳✳

Quittez la grande Ville

Gens de Cour , & gens de Paris ;

Venez voir à Baville

Le Roy des Pains benis.

Ainſi fut dit , ainſi fut fait ,

Tout le monde fut ſatisfait ,

Et le branle fut ſi parfait ,

L'on fit ſi bonne chere,

Et le Pain beni fut ſi beau

Qu'on en parle à Brugere,

Et même à Lonjumeau.

SUR LES AFFAIRES

DE ROME.

Sur l'air de *Lanturlu.*

ON offre à Dom Live

Ou femme, ou chapeau:

Cette alternative

Trouble ſon cerveau,

Son étoile eſt d'eſtre ou Cardinal, ou Cocu;

Lanturlu, ſanturlu,

Lanturlu, lanture.

Tous les Pignatelles

Au Ciel font des vœux,

Pour qu'on les appelle

Pour eftre Neveux ;

Le Pape s'en mocque, le Nepotifme eft tondu,

Lanturlu , lanturlu ,

Lanturlu , lanture.

***

Maintenant dans Rome

Le Sbire fans peur

Va comme un autre homme,

On luy fait honneur ;

Nôtre Pape eft ferme, c'eft un vieillard refolu,

Lanturlu , lanturlu ,

Lanturlu , lanture.

VOYAGE DE ROME.

Sur un air
Du Ballet d'Hercule.

NOn ma Muse ne sçauroit plus se taire,

Je chante les galeres

Au nombre de vingt-huit,

Qui voguans jour & nuit

Seurement ont porté

Ambassadeurs, Cardinaux, maints Abbez

En terre de Papauté.

— L'agreable voiture!

Mais survint une avanture

Qui fit peur

Et troubla le repos du Voyageur.

L'on suivit un jour six vaisseaux ennemis,

Et nous les eussions pris

Si la nuit qui fut fort obscure

Ne nous eust fait changer d'avis.

AUTRE sur le mesme air.

Quoy je revois ce fameux Colisée

Au bout de trente années !

Je revois le Pantheon,

Le Palais de Neron,

L'Arc du Grand Constantin,

Le Temple de Faustine, & d'Antonin,

Et le Mont Capitolin;

Je revois Marc-Aurele,

Les chevaux de Praxitelle,

Et j'y sens

Tous les plaisirs que j'avois à vingt ans.

J'ay la méme humeur, & la méme santé,

Je suis en liberté.

Fortune tu m'as fait querelle,

Mais tu ne m'as point maltraité.

LES PLAISIRS DE ROME.

Sur l'air *de la Duchesse.*

SAns vous faire un plus long difcours,

Si vous voulez, je vous apprendray comme

Nous paffons à Rome

Prefque tous les jours :

Nous vifitons vignes, Palais, Eglifes,

Nous entendons des Mufiques exquifes,

Nous vivons comme en France,

Chez l'Ambaffadeur ;

A plus d'une Eminence

Nous rendons honneur.

Au jour on fe faluë ;

Mais quand la nuit eft venuë ,

Tout retentit du cry

De Madame Lanty.

SUITE

SUITE
DES PLAISIRS DE ROME.

Sur le mesme air.

QUi donc est Madame Lanty ?
Ecoutez-moy, je m'en vas vous le dire;
    Digne d'un Empire
    Elle regne icy.
Tous ses Ayeux étoient gens d'importance;
Son cœur répond à sa grande naissance.
    L'Hymen aux bords du Tibre
    A conduit ses pas.
    Voulez-vous estre libre ?
    Ne la voyez pas.
Plus on la trouve aimable,
Et plus elle est redoutable.
    Défendez-vous des feux
    Qui partent de ses yeux.
              H

ARRIVÉE
DE MONSIEUR DE ***
A ROME.

Sur l'air *de Joconde*.

Est-ce un songe, est-ce tout de bon,
Que je me trouve à Rome?
Suis-je encore un petit garçon?
Mais non, je suis un homme,
Qui maître de sa liberté,
En paix ainsi qu'en guerre
Promene son oisiveté
Aux deux bouts de la terre.

AUTRE sur le même air.

Si vous allez à Frescaty ,

    Jeune & brave Turenne ,

Sçachez qu'en France comme icy

    Je vas quand on me mene :

D'aller avec vous je consens,

    Mais n'allez pas si viste ,

Je craindrois fort sur mes vieux ans

    Le destin d'Hypolite.

AUTRE sur le mesme air.

Auray-je toûjours quatorze ans,

    Et Turenne cinquante ?

Il faut loüer à tous momens

    Sa conduite prudente ;

Prince, faites-moy l'amitié

    D'avoir moins de sagesse ,

Il faut prendre quelque pitié

    De ma tendre jeunesse.

H ij

AUTRE

Sur le même air.

Ou estes-vous, que faites-vous,
  Trop aimable Turenne ?
Vous me laissez long-temps chez nous,
  Cela me met en peine,
Polignac est un favory
  Qu'on estime & qu'on aime ;
Mais Helas entre vous & luy,
  Est-ce trop d'un troisiéme ?

AUTRE

faite à Rome ,

SUR LE HAUT DES TERMES

DE DIOCLETIEN.

Sur l'air *de Joconde*.

LOrsque sur le haut d'un clocher
  Ou dans quelque goutiere
Je me vois prest de trebucher ,
  J'appelle Savonniere :
Savonniere est joli garçon ,
  Il vient avec vistesse ,
Je l'ay choisi pour le baston
  De ma jeune vieillesse.

A MADEMOISELLE
DE SCUDERY
Sur sa Convalescence.

Sur le même air.

SAPHO, j'ay long-temps hesité,
　　Mais il faut que je chante
Le retour de vostre santé,
　　Ce beau sujet me tente ;
Quand la fievre vous fait souffrir,
　　Ce n'est qu'une querelle :
Hé quoy jamais peut-on mourir
　　Quand on est immortelle?

RESPONSE

DE MADEMOISELLE

DE SCUDERY.

Sur le mesme air.

Vous loüez trop flateusement
    Une pauvre mortelle,
Je sçay bien qu'en Vers quand on ment
    Ce n'est que bagatelle :
Mais pour ne vous rien déguiser,
    Je ne sçaurois me rendre,
Car il faudroit pour m'appaiser,
    Le portrait d'Alexandre. *Alexandre VII.*

RESPONSE
A LA RESPONSE
DE MADEMOISELLE
DE SCUDERY.

Sur le mesme air.

SAPHO, qui va trop loin se perd,
Je crains un labyrinthe,
Le chemin ne m'est pas ouvert
Pour aller à Corinthe;
Vous demandez de ma façon
Le Portrait du Saint Pere,
Pour chanter le grand Ottobon,
Il faudroit un Homere.

DESIR DE REVOIR PARIS.

Sur l'air : *Où estes-vous allé, mes belles amourettes.*

AH ! je passe le temps tout rempli d'esperance

De revoir bien-tost mes bons amis.

Puisque le ciel a permis

Que je sois hors de France,

Sur les bords du Tibre assis,

Je songe souvent à Paris.

Ah ! je passe le temps tout rempli d'esperance

De revoir bien-tost mes bons amis.

ELOGE
DES JARDINS DE ROME

Sur l'air

O beaux Jardins, ou l'art & la nature.

O Beaux jardins de Montalte & Borghese,

Ludovise, Pamphile, & Mathei,

Belles vignes de Frescati,

De vous revoir, ma foy je suis bien aise,

De me revoir soyez bien aise aussi.

❀❀❀

Le beau soleil qui toûjours vous éclaire,

Et vous défend des rigueurs des hyvers!

Vos orangers, vos chesnes verds,

Tous vos lauriers, & vos sources d'eau claire

Meritent bien quelque place en mes Vers.

❀❀❀

Plus je vous vois , plus je vous confidere ,

Et plus touché de vos charmes divers ,

Je foûtiens que vos gazons verds

Sont preparez par le fils de Cithere ,

Pour l'ornement de ce vafte Univers.

SUR L'EGLISE

DE SAINT PIERRE

De Rome.

Sur l'air : *Croyez-moy ma Silvie.*

APprenez qu'à faint Pierre fans peine,

Aujourd'huy neuviéme Février,

J'ay monté prefque d'une haleine

Des degrez non pas une douzaine ,

Mais fans mentir pour le moins un millier,

J'ay voulu , malgré mes cheveux blancs ,

Et le temps qui fur ma tefte roule,

Faire icy comme les jeunes gens,

J'ay grimpé comme eux dans la voute,

Et trouvé mes jambes de vingt ans.

LE RETARDEMENT
DES BULLES.
Sur l'air ;

Ce vaillant Duc de Beaufort

Pour vouloir trop se presser ,

Bien souvent on recule ,

Cessez de vous tracasser ,

C'est le moyen d'avancer ,

Les Bulles , les Bulles , les Bulles.

Vous criez trop à la Cour

Pendant qu'on capitule ,

L'Ambassadeur est-il sourd ?

Vous verrez au premier jour

Des Bulles , des Bulles , des Bulles.

Hé bien , faisons-nous fi mal,
Meffieurs les incredules ?
Vous aurez un Cardinal,
Et la charge d'un cheval ,
De Bulles , de Bulles , de Bulles.

De l'heureux choix d'Ottobon,
N'ayez point de fcrupule ,
Sous ce Pape fage, & bon
Va renaiftre la faifon
Des Bulles, des Bulles, des Bulles.

Prelats , nous ferions d'avis
De ménager vos Jules ;
Mais les Cardinaux ont pris
Un dégouft pour le gratis
Des Bulles, des Bulles, des Bulles.

Invitation d'aller à Rome
A MESSIEURS
DE M***, R***, & DE G***.

Sur l'air : *Je vous le dis & le repete,*
  que Marianne étoit coquette.

J'Ay laiſſé la vieilleſſe en France,

Les plaiſirs de l'adoleſcence

Regnent dans ce climat heureux,

Je cours, je bois, je chante, & danſe,

J'y fais enfin ce que je veux ;

C'eſt la fontaine de Jouvance.

***

Pauvres gouteux, je vous admire

De crier quand vous pouvez rire,

Rhodés, Marſillac, & Grignan,

Fuyez la goutte, & ſes bouraſques,

Rendez-vous icy promptement,

Vous marcherez comme des Baſques.

REQUESTE

A L'ABBE' DE P***

Sur l'élection d'Innocent XII.

Sur l'air : *Pierre Bagnolet.*

ABBE' d'un rayon de lumiere,

Illuminez mon pauvre esprit ,

Helas sur certaine matiere

Je me trouveray déconfit ,

    Si l'on me dit ,   (bis.)

Contez-nous un peu la maniere

Dont le Pape Innocent se fit.

    De combien estoit l'Assemblée

De nos Seigneurs les Cardinaux ?

Les zélans l'ont-il tant troublée ?

Comme ont publié leurs Rivaux

    Car en deux mots ,   (bis.)

Ils ont tant fait pour leurs journées,
Que la Thiare est sur les Pots.

❊❊❊

Ils avoient une forte brigue,

Et se sont démenez long-temps

Pour favoriser Barbarigue

Homme détaché de parens ;

  Mais ne pouvans   (bis.)

Mettre à bonne fin cette intrigue,

Pignatelle estoit de leurs gens.

❊❊❊

Au défaut de l'un venoit l'autre,

Et l'Ambassadeur Autrichien

Travailloit pour ce saint Apostre,

Pour exclure le Venitien ;

  Nous sommes bien, (bis.)

Nous pouvons nous appeller nostre

Un Espagnol Innocentien.

❊❊❊

Pignatelli qui fut élû, est un mot Italien, qui signifie pots.

Trouvez bon que je vous demande

D'Ottobon, ou d'Odeskalki,

Quelle faction fut la plus grande,

Qui soûtenoit Marescotti,

    Qui Bonvisi,   (bis.)

Acciaoli de quelle bande,

Cibo, Delphin de quel party ?

Dites-moy de quelle quadrille

Disposoit le bon Altieri ?

N'avoit-il pas dans sa famille

Dequoy satisfaire Chigi ?

    Et par ainsi   (bis.)

Comme a-t-il pû perdre Codille ?

La poule devoit estre à luy.

Barbarigue encor de bon âge

Renversoit l'espoir d'Altieri,

Ottobon en cet homme sage

Crut voir des plaisirs l'ennemy,

Dont à l'envy (bis.)
L'un l'exclud par libertinage,
L'autre d'ambition farcy.

Moy j'avois donné mon ſuffrage,
Et je poſtulois pour Conty,
Son nom, ſes vertus, & ſon âge
Meritoient qu'il fuſt bien loty;
Mais ſon party (bis.)
N'a pas réüſſi davantage
Que celuy de Panciatichi.

INPROMPTU.

A MADAME

LA DUCHESSE

DE BOUILLON,

Lors qu'elle partit de Rome.

Sur l'air : *Belle charmante Brune.*

Dieux, dans quelle tristesse
Vous nous jettez !
Adorable Duchesse,
Vous nous quittez,
Et nous voyons Turenne à vos costez.

A MONSIEUR
LE CARDINAL,

& à Madame la Duchesse

DE BOUILLON,

Sur leur absence.

Rigodon.

J'Ay tout perdu,

Les Boüillons sont en France,

Ma foy de leur absence

Je suis confondu :

Grand Cardinal,

Adorable Duchesse,

Prince sans égal,

Ah qu'il est doux !

Je le diray sans cesse,

De vivre avec vous.

Par vous en Italie

J'estois un homme heureux,

Maintenant je m'ennuye,

Tout m'y paroist affreux,

Et j'ay passé de mon joly printemps

Tout d'un coup à cent ans.

LE COURS DE ROME.
Sur l'air
De la grosse Bourguignone.

A Rome à Porte Pie

L'Esté on fait le Cours,

Souvent sans qu'il ennuye,

L'on y fait quinze tours,

C'est là qu'on voit paroistre

Femmes, Moines & Prestres,

Et c'est à qui levera plus haut le cu,

Pour rendre le salut.

La Princesse regnante

Y paroist à nos yeux;

En caléche galante

Sont les Princes neveux;

Bien loin que l'on évite

Eux, & leur grande suite,

Volontiers on leur fait beaucoup d'honneur

Pour gagner leur faveur.

❊❊❊

L'Envoyé d'Allemagne

Se cache en ses rideaux :

L'Ambassadeur d'Espagne

Fait piafer ses chevaux :

Madame son épouse

De B * * * jalouse ,

vient avec un magnifique train

Apporter son chagrin.

❊❊❊

La triste Connestable

Ne quitte point sa sœur ,

Mais qui paroist aimable

Sont les filles d'honneur ,

Avec leur garde Infante ,

Leur coëffure avenante ,

Leurs belles mains & leurs yeux de merlan

Attirent le chalan.

❊❊❊

> Tous les Princes Borgheses,
>
> Pamphile avec Guisi
>
> Se promenent en chaise,
>
> C'est le bel air icy;
>
> Celuy de Palestrine
>
> Y vient en Portronchine,
>
> Et c'est à qui parmy tous les Seigneurs
>
> A les plus beaux coureurs.

⁂

> En fort bon équipage
>
> Les freres Altiery
>
> Font voir quatre visages,
>
> Toûjours rangez ainsi,
>
> Les aînez au derriere,
>
> Le troisiéme en portiere,
>
> Et le dernier assis sur le devant
>
> A costé d'un Pédant.

⁂

> L'Ambassadeur de France
>
> Honore aussi le Cours,

Et plus d'une Éminence

Y paroift tous les jours :

Finiffons la legende,

Elle feroit trop grande,

Et je ne veux plus mettre en ce tableau

Que les petits Landonaux.

A MADAME

MARQUISE

DE ***

Chant joyeux fur l'air : *O filii & filiæ.*

EN dépit de la Faculté ,

Noftre Duc eft reffufcité

Par la vertu du Quinquina , Alleluia.

Nous le mitonnons à prefent ,

Comme l'on fait un tendre enfant

Qu'avec foin on élevera, Alleluia.

K

✸✸✸

L'on va le mener à Paris,

Où Maraine, & Parrain choisis,

Je croy qu'on le baptisera, Alleluia.

✸✸✸

Ce ne seront plus que repas

En jours maigres comme en jours gras,

Honoré se signalera, Alleluia.

Le Cuisinier de
Mr le Duc de **

✸✸✸

Si nostre précieux enfant

Paroist malade un seul moment,

Aussi-tost on le purgera, Alleluia.

✸✸✸

Et si par hazard il prétend

Faire quelquefois le méchant,

Sa Nourrice le foüettera, Alleluia.

✸✸✸

N'estes-vous pas de cet avis ?

Revenez, Marquise, à Paris,

Pour gouvernante on vous prendra, Alleluia.

* ❈ ❈ ❈

Aſtres, & Devins conſultez,

On nous prédit de tous coſtez

Qu'un jour cet enfant parviendra, Alleluia.

❈ ❈ ❈

Que chargé de biens, & d'honneur,

Deux fois à Rome Ambaſſadeur,

Deux bons Papes il nommera, Alleluia.

❈ ❈ ❈

Qu'il verra du Rhin les Cantons,

Qu'il gouvernera les Bretons,

Que voſtre fortune il fera, Alleluia.

❈ ❈ ❈

Quittez donc promptement vos bois,

L'aimable Automne eſt aux abois,

La ville nous raſſemblera, Alleluia.

LE FESTIN

à l'aise.

Sur l'air : *de la Duchesse.*

Quand je vois tous ces grands repas,

Où tout venant est admis, & s'empresse,

Moy qui hais la presse,

Je chante tout bas :

Heureux qui peut sans engraisser sa manche,

Commodément attaquer son éclanche,

Qui peut placer sa chaise

Sans nul embarras,

Qui peut tout à son aise

Etendre les bras,

Qui mange sa pitance

Avec gens de connoissance ;

Qui dîne, & soupe enfin

Sans presse, & sans festin.

AUTRE

Sur l'air : *Rochers, vous estes sourds.*

Quand vous voulez pisser, mettez-vous hors
de veuë,
Et tant que vous pourrez pissez incognitò :
Cet avis est pour vous, Prestres en Domino,
Qui pissez hardiment dans le coin d'une ruë.

AUTRE

Sur l'air : *Tranquilles cœurs.*

Qui passe le Lys, & l'Escaut,
Aprés avoir passé la Somme,
Peut fort bien passer le nez haut,
Et se vanter d'estre un grand homme ;
Pour moy, je suis en point que les païs en paix
Ne me plaîront jamais.

※※※

Qui donne l'ordre dans Arras,

Et qui donne l'ordre dans Ypre?

Harangué par les Magistrats,

Comme seroit un Roy de Chypre;

A bon titre je puis mépriser desormais

Tous les gens de Palais.

※※※

Quand on a vû des garnisons,

Et de fortes places de guerre,

Des bombes, mortiers, & canons;

Il faut se signaler sur terre :

Adieu, je vais chercher dans l'Empire de Mars

La gloire des Cesars.

AU RETOUR
DE FLANDRES.

Sur le mesme air.

NE me parlez plus de ramparts,
De visiter des Citadelles ;
Je suis las des travaux de Mars,
Qu'il vuide luy seul ses querelles ;
Je retourne à l'amour, je retourne à Bachus,
Et ne les quitte plus.

A MADAME.

LA MARQUISE

DE ***

Sur l'air : *Réveillez-vous,*
Belle endormie.

Vous soyez la tres bien venuë,

Marquise, vous & vos grands yeux,

Cet enfant qui déja remuë,

A-t-il fait un voyage heureux ?

✻✻✻

Fille de la divine Hortense,

Je vais bien vous faire ma cour,

J'ay tant pleuré de vôtre absence,

Que je ris de vôtre retour.

✻✻✻

Je me fais un plaisir extrême

De revoir vos divins appas,

Charmante

Charmante Olympe, je vous aime,
Mais sur tout ne le dites pas.

Il faut redouter vostre pere,
Quoique nous ne le voyons plus,
Car il viendroit tout en colere
Me briser comme Romulus.

POUR MADAME

LA MARQUISE

D'***

Sur l'air : *Il faut profiter du bonheur*
des armes.

SI tu veux gouster
Du repos dans la vie,
Songe à contenter
Creancier qui crie,

L

Car la tyrannie

Le fait révolter.

Il faut éviter

La Conciergerie,

Si tu veux gouster

Du repos dans la vie,

Tout le Port Royal

Est dans cette maxime.

C'est un tribunal.

Parvient au sublime,

Qui suit ce Canal,

Qui le traite mal

Est moins qu'un Minime.

Tout le Port Royal

Est dans cette maxime.

A MADAME

LA MARQUISE

D'***

Qui avoit payé l'Auteur en monnoye
du Prince d'Orange.

Sur l'air : *Ton relon ton ton, &c.*

VOus pretendez avoir une quittance,

Car vous croyez tout voftre argent fort bon :

Mais pouvez-vous l'avoir en confcience,

Quand vous fçavez qu'il vous manque un tefton ?

    Et ton relon ton ton, &c.

Or y manquant un tefton, voftre compte

Eft fort fujet à conteftation,

Et fur ce point vous confondant de honte

J'auray recours à la protection.

    Et ton relon ton ton, &c.

L ij

Car maintenant voyons vôtre monnoye,
A-t'elle cours en quelque region ?
Il n'y a point de Marchand qui la voye,
Qui n'aime mieux un morceau de leton.
Et ton relon ton ton, &c.

Je sçay fort bien qu'elle est belle, & jolie,
Que vous avez fait dépense en sablon ;
Mais apprenez que par cette folie,
Tres-grande en est la diminution,
Et ton relon ton ton, &c.

Pieces du Pape, & du Prince d'Orange
N'ont de crédit chez nôtre Nation ;
Je ne veux point de cette espece étrange,
Je veux avoir des Loüis de Bourbon.
Et ton relon ton ton, &c.

Finalement, Madame la Marquife ,

Je vous envoye une affignation ,

Pour comparoître un foir la nappe mife ,

Chez un Marquis prés la porte Gaillon :

    Et ton relon ton ton, &c.

Là nous dirons nos raifons tout à l'aife ;

Nous parlerons tous deux fans paffion ;

Ma caufe enfin foit ou bonne ou mauvaife ,

Nous en croirons Madame de Beuvron :

    Et ton relon ton ton , &c.

A LA MESME.

TRIOLET.

JE finis par ce Triolet,

Marquise toute procedure ;

Je suis au bout de mon rolet,

Je finis par ce triolet.

Vôtre procedé n'est pas net :

Mais vous n'avez plus de bordure ;

Je finis par ce triolet

Marquise toute procedure.

LES MOINES.

Sur l'air : *Rochers, vous êtes sourds.*

MOn Pere qu'il fait froid sous ce manteau
d'Elie !

Vous estes tout transi, ne l'avoüez-vous pas ?

Des souliers de Prudent avecque des gros bas,

Vous dõneroient un chaud qui vous rendroit la vie.

Mon Pere qu'il fait chaud sous ce manteau
        d'Elie !

C'eſt un peſant fardeau, ne l'avoüez-vous pas ?

Un manteau de creſpon, un froc de taffetas ,

Vous donneroit un frais qui vous rendroit la vie.

⁂⁂⁂

Peres de Nazaret pour emplir vos beſaces ,

Vous eſtes obligez de faire bien des pas ,

J'en demeure d'accord ; mais chauſſez-vous plus
        bas ,

Et ne vous picquez point d'aller ſur des échaſſes.

⁂⁂⁂

Baiſſez vos cotillons ou ſervez-vous de bottes ;

Faut-il montrer ſon cul dedans le grand chemin ?

Mon Pere , croyez-moy , cet objet eſt vilain ,

Un brave Recollet doit affronter les crottes.

⁂⁂⁂

Mon Pere, croyez-moy , les ſaints Anachorettes,

Songeoient à prier Dieu , ne couroient point les
        champs ;
Couroient encore moins la foire ſaint Laurent ,

Et n'importunoient pas pour avoir des burettes.
                    L iiij

A

MADAME

LA COMTESSE

DE ***

L'On a raison en verité,

D'honorer la fecondité ;

Car quand la fecondité donne,

On trouve qu'en moins de deux ans

Une tres-petite perfonne

A déja deux petits enfans.

Ce prodige eft en ce païs,

Et l'on n'en eft pas peu furpris :

La belle n'en eft point fâchée,

Ses entrailles font leur devoir

Pour son mary, pour sa nichée,

Depuis le matin jusqu'au soir.

* * *

Elle n'en a pas moins d'attraits,

Et son teint n'en est pas moins frais ;

Mais les Dieux la firent trop sage :

Ah que la sagesse a d'ennuis !

Divine Comtesse je gage

Que vous estes de cet avis.

POUR MADAME

LA COMTESSE

DE G***

Sur l'air *des Ennuyeux.*

ADieu mon aimable Angelon,

Des angelons la plus aimable ;

Cet adieu preſſe mon poulmon,

Et de triſtes ennuis m'accable :

Falloit-il qu'aprés quinze jours

Sedan m'enlevât mes amours ?

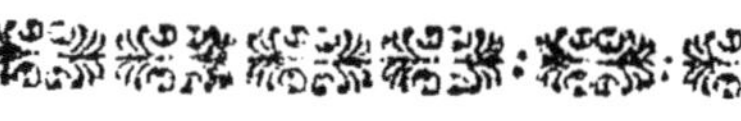

\POUR

MONSIEUR ***

Sur le meſme air.

PArlez bas, vous parlez trop haut ;

Mais faites mieux, ne parlez guere,

Bavarder eſt un grand défaut,

Je vous en avertis La * * *

Il eſt conſtant que les bavards

Sont deteſtez de toutes parts.

AUTRE ſur le meſme air.

SI jamais vous avez la toux,

Ne crachez point en compagnie ;

Pour cracher demeurez chez-vous,

Ou ne crachez point je vous prie ;

Ou tout au moins crachez si loin

Qu'on ne s'en apperçoive point.

AUTRE sur le même air.

N'Accéptez pas legerement

La chose qui vous fait envie,

On ne vous l'offre bien souvent

Que par pure ceremonie :

Démeslez donc l'honnesteté

D'avecque la sincerité.

POUR

LE CHASTEAU DE CHAULNES.

Sur l'air *du Ballet d'Hercule.*

NE vous chagrinez pas magnifique Maison ;

Vous reverrez chez-vous vôtre Duchesse,

Vos offres maintenant ne sont pas de saison,

Remettez vôtre lit dans sa quaisse.

Tous nous jours sont comptez, nous allons aux
Etats,

Et ce tems n'est-il pas

Un tems qui presse ?

❋ ❋ ❋

Nous devons aux Brétons des voyages frequens:

Déja pour nous traitter chacun s'empresse,

Ils ont rempli de vin leurs celliers les plus grands,

Voulez-vous qu'il tourne ou qu'il s'en-
graisse ;

Tous nos jours sont comptez, nous allons aux
Etats,

Et ce tems n'est-il pas

Un tems qui presse ?

AUTRE

POUR

LE CHASTEAU DE CHAULNES.

Sur le même air.

NE troublez pas nos jeux, souvenir de la Cour,

Vous aurez vôtre tour, pompeux Versaille,

Laissez-nous en repos faire icy du séjour :

Nous sommes plus contens que rats en paille;

Tous nos jours sont charmans,tout rit à nos desirs

Est-il, libres plaisirs,

Rien qui vous vaille ?

AUTRE.

Sur l'air *de Joconde.*

Depuis long-tems dans le Marais
Ma demeure est connuë,
Ma Paroisse a nom saint Gervais,
Le Parc royal ma ruë,
Mes qualitez pour mon malheur
Sont toutes supprimées,
Mesme jusqu'aux titres d'honneur
Que donnent vingt années.

REQUESTE

POUR UN HERMITAGE.

Sur l'air *de Joconde*.

CErtain homme de probité,

    De vertu sans seconde,

Sans que le monde l'ait quitté,

    Qui veut quitter le monde ;

Sçachant que de vôtre maison

    Dépend un hermitage,

Veut pour en obtenir le don

    Avoir vôtre suffrage.

Entre Montfermeil, & Coubron

    Est sis cet hermitage,

Et de Val-Adam est le nom

    Qu'il eut pour son partage :

Monsieur de * * * est celuy

Qui peut faire la grace :

Par vous peut-on point aujourd'huy

Obtenir cette place !

Celuy qui m'en a supplié

Est un homme de mise,

Quoy que moy plus petit d'un pié,

Chacun icy le prise ;

Je ne sçay par qui ny par où

Cette affaire il desire :

Mais enfin c'est Monsieur Machou,

Gardez de l'éconduire.

MADEMOISELLE

MADEMOISELLE

DE SCUDERY

A

MONSIEUR DE C***

A Rome.

Quoy cette Muse si jolie

Qui sçait badiner si gayement,

Et toûjours agreablement,

Se taira-t'elle en Italie ?

Je luy demande trait pour trait,

Un bon & fidele portrait

D'un Pape que tout le monde aime ;

Cette Muse en fait de fort beaux,

Sa maniere n'est pas la mesme,

Jamais sur le Parnasse on ne vit rien de tel ;

Elle est tantôt Calot & tantôt Raphaël.

M

SUR L'EMBRASEMENT

D'UN GROS PAVILLON

DE LA PLACE ROYALE.

Sur l'air *de Joconde*.

L..... faisant fort grand cas
    De la tonne propice,
Voulut enfin le Lundy gras
    Luy faire un sacrifice.
  Comme il n'est feu que de gros bois,
    Son ame liberale,
Resolut de brûler les toits
    De la Place Royale.

  Aussi-tôt le feu s'alluma ;
    Mais voyant ce desastre,
La Déesse se contenta
    Du pavillon de Castre.

C'en est assez, mes chers enfans,

Je reçois vôtre offrande,

Vos vœux sont pour moy trop ardens,

Je crains pour vous l'amende.

SUR UNE FEMME

Renvoyée absoute de la Chambre des poisons,

Mais convaincuë

DE PLUSIEURS GALANTERIES

Sur l'air *de Joconde.*

LE bon Robin avoit grand peur

Qu'on mît sa femme en poudre,

Il s'est trouvé qu'un Confesseur

Suffisoit pour l'absoudre ;

Robin est content, & cocu,

La chose est claire, & nette :

S'il peut un jour estre battu

Sa fortune est parfaite.

LE GOUTTEUX.
Sur l'air *des Cloches.*

Quel chagrin, quel ennuy
De conter toute la nuit
Les heures, les heures, les heures.

*

De moment en moment
Réveiller de saint Mexant,
Pour dire, pour dire, pour dire.

*

Le genoux, le jaret,
La main gauche, le poignet,
L'épaule, l'épaule, l'épaule.

*

De remede en sçait-on,
Je tiens tout onguent miton
Mitaine, mitaine, mitaine.

RECEPTE

Pour avoir le Teint beau.

Sur l'air *de Joconde.*

Un nez avec la coque d'œuf
    De rouge devient paſle,
Un teint avec le fiel de bœuf
    Se preſerve du haſle :
Mais voulez-vous l'avoir plus beau
    Que n'eût jamais Niquée,
Souvent d'une teſte de veau
    Reſpirez la fumée.

A SON ALTESSE ROYALE

MADEMOISELLE

Sur l'air

Voicy comme je passe ma vie.

C'Est donc à vous, adorable Princesse

Que ce Livre s'adresse ;

Ce sont toutes mes chansons,

Couplets mauvais & bons :

J'ay resisté long-tems

A vous presenter ces pauvres enfans ;

Car les goûts sont differens.

Si la Royalle Altesse

Les estime & les caresse ,

  En ce cas

D'Horace je croiray suivre le pas ;

Mais je seray beaucoup plus satisfait,

Si selon mon souhait ,

Pour s'acquitter de sa promesse

Elle me donne son portrait.

A SON ALTESSE ROYALE

MADAME DE GUISE ;

en luy envoyant

SES CHANSONS.

Sur l'air : *La vieille est lente.*

CHansons de toute espece ,

Et de toute tristesse

Le vray contrepoison ,

Pour plaire à sa Royale Altesse

Prenez le chemin d'Alençon.

Allez , partez de Nantes ,

Petite trouppe errante ,

Sans passer dans Paris :

A cette Princesse charmante

Dites bien ce que je luy suis.

Vieux portrait de nos peres,

Vieux lit de nos grands meres,

Pain beni de Livry,

Lancelot, Turpin & ses freres,

Allez pour charmer son ennuy.

Dites-luy que sans peine

Je ferois par douzaine

Des Chansons tous les jours ;

Mais la Cour m'a glacé la veine

En me refusant son secours.

A MONSIEUR

A MONSIEUR DE ***

Sur l'air *de Joconde.*

M*** ton air gracieux

   Charme toutes les belles,

Ta beauté se fait en tous lieux

   Des conquêtes nouvelles :

Tu peux te flater du destin

   De l'amy de Joconde,

Ton Epouse a trouvé son nain,

   Vas-t'en courir le monde.

A MADAME DE ***

Sur le mesme air.

IRis, de vostre jeune époux

   Ne faites point un maître,

N

Suivez-le panchant, tendre, & doux

Du Dieu qui vous fit naiſtre ;

L'amour ſeul a droit d'ordonner

De voſtre deſtinée,

Vous eſtes faite pour donner

Des loix à l'Hymenée.

POUR MADAME

DE LAMOIGNON

Sur l'air *de Joconde,*

FEmme qui crache frequemment,

S'altere la poitrine,

Mais c'eſt ſon premier tourment

En attendant Geſine :

Belle Dame DE LAMOIGNON,

Avec voſtre pituite,

Vous direz dans peu l'Oraiſon

De Sainte Marguerite,

AUTRE

Sur le même air.

Voulez-vous de vos ennemis

Tirer quelque vengeance,

Ménagez-vous par tous païs

Des amis d'importance ,

Faites dire prés, comme loin ,

Sans complaisance aucune :

Cet homme ne mérite point

Sa mauvaise fortune.

A MADAME LA MARQUISE

DE BELLEFOND.

Sur le mesme air.

Vous avez fait acte inhumain ,

On me le vient d'apprendre ,

Vous avez mis à Saint Germain

Toute la Cour en cendre.

Aussi pourquoy de vos beaux yeux

Vous laisser la maîtresse,

Vostre pere eût fait beaucoup mieux

De vous rendre borgnesse.

A MADEMOISELLE

DE ***

Sur l'air *de Joconde*,

Hier pour vous voir, un certain Chat

Sortit de la goutiere,

Mais helas il ne prit qu'un rat,

Sa douleur est entiere,

Saint * * * pour le consoler

Employa son adresse,

Mais il ne fait que miauler

D'amour & de tendresse.

AUTRE

Sur le même air.

EN jours maigres comme en jours gras,
  Vive l'Hôtel de Chaulnes,
Tous les jours des mets délicats,
  Des poissons longs d'une aulne,
Après le Benedicité
  En nous mettant à table,
Honorons Monsieur l'Honoré,   *Maître d'Hôtel.*
  Car il est honorable.

AUTRE

Sur le même air.

QUand on a toûjours quatorze ans,
  La plus solide affaire

N iij

Est de se donner du bon temps,

Et de songer à plaire ,

On a mille Amans sous sa loy ,

On rit, on chante, on danse ,

Et l'on saute enfin pour le Roy ,

Et d'Espagne , & de France.

SUR UNE SERRURE

D'ANGLETERRE

Donnée par Madame de Louvois.

Sur l'air *de Joconde.*

J'Avois une clef l'autre jour ,

Je manquois de serrure :

Serrure est venuë à son tour ,

N'est-ce pas bon augure

Que je verray dans quelque temps

Arriver la cassette ;

Mais qui seront les bonnes gens

Qui la rendront complette?

A
MADAME LA DUCHESSE
DE NEMOURS.
Sur l'air *de Joconde*.

MOn gouſt n'eſt plus pour les Tableaux,
    J'aime les Cornalines,
Les Agathes, & les Criſtaux,
    Toutes les pierres fines :
Mais comme dans ma paſſion
    J'ay le ſort de Tantale,
Faites un peu trotter Nanon
    Princeſſe liberale.

Je me contentois de portraits,
    Et de pots de fayence,
Ils avoient pour moy des attraits
    Par leur peu de dépenſe.

D'un goust d'une autre qualité

Mon appetit s'éguise :

Helas ! c'est toy qui m'as gasté,

Brillant Hôtel de Guise.

A MONSIEUR
DE GRIGNAN.

Sur le mesme air.

GRignan, je bois toûjours des mieux,

Je mange comme un diable :

Je dors tout autant que je veux

D'un sommeil agreable ,

Je n'ay point de mal au poulmon ,

Ma poitrine est fort saine ,

Cependant je vais à Bourbon ,

Je pars cette semaine.

Avec la charmante Louvoy

J'entreprens ce voyage ,

Et je fuis plus content qu'un Roy

De quitter mon ménage.

Heureux qui n'a ni feu ni lieu,

Ni femme qui le gefne !

La fortune en me laiffant peu,

Me laiffe à qui m'emmeine.

* * *

POUR MONSIEUR

DE COULANGE.

Sur l'air *de Joconde*.

Qui pourroit jamais s'ennuyer

Où fe trouve Coulange,

Par tout il eft fur fon paillé,

Il a l'efprit d'un Ange ;

Il fçait tourner en cent façons

Les plaifirs qu'il nous donne,

S'il divertit par fes Chanfons,

Il n'offenfe perfonne.

On peut l'appeller un ami

Franc & sans artifice,

On ne le voit point à demi

Rendre de bons offices,

Il est toûjours de bonne humeur,

Et toûjours prest à rire,

Il ne luy faut que le bonheur

Que chacun luy desire.

On le veut avoir en tous lieux

Comme un homme d'élite,

Il ne fait point en precieux

Eclater son merite,

Son tour délicat & galant

Fait qu'à present à Chaulnes

On va rire, Dieu sçait comment,

Et tout du long de l'aune.

RESPONSE.

Sur le mesme air.

VOs vers me donnent de l'encens
    Pardeſſus mon mérite ;
Mais les gens de Cour ſont des gens
    Grands donneurs d'eau-beniſte ;
Loin de donner dans ce panneau,
    Pauvre Muſe folette,
Songe bien que ton chalumeau
    N'eſt pas une trompette.

AUTRE CHANSON.

Sur l'air *de Joconde.*

NE frequentons plus le Devin,
    Non plus que la Devine,

Allons où est le meilleur vin,

La meilleure Cuisine,

Pour nous dégager du chagrin

Qui souvent nous domine,

N'allons jamais chez le voisin,

Allons chez la Voisine.

LA BASSETTE.

Sur l'air *de Joconde.*

Vouloir gagner beaucoup d'argent,

Mais faire le contraire,

Perdre sa cause en enrageant,

Estre rouge en colere,

Attentif & tout contrefait,

Craindre pour sa cassette,

En six Vers voilà le portrait

De l'aimable Bassette.

LES FAMEUX PEINTRES,

Sur l'air :

Non je ne suis pas seul à me dire, &c.

ABBE', vous voulez enfin que je m'attache

    A chanter le Carrache,

    Raphaël Jules Romain,

    Et Pietre Peruchin,

    Le Georgeon, le Bassan,

Le Tintoret, Albertdure, & Lanfran,

    Le Coregge, & Parmesan,

    Titien, Paul de Verône,

    Giosepin,

Michel-Ange, le Palme, & Valentin,

Caravage, le Guide, & Dominiquain,

    L'Albane, & le Guarchin :

    Qu'à jamais le ciel les couronne,

    Et que leurs tableaux soient sans fin.

POUR MADAME

LA MARQUISE

D'UXELLE

Paſſant à Châlons ſur Saone.

Sur l'air *des Lancelots.*

Qu'il eſt honteux pour vous que Châlons m
                              méprise

Moy voſtre ſerviteur , Madame la Marquiſe ,

Moy que par tout païs l'on eſtime & l'on priſ

✽✽✽

Qu'il eſt honteux pour vous que Châlons m
                              méprise

J'ay beau dire mon nom, rien ne me favoriſe ,

Point de coups de Canons , point de cloches
                              l'Egliſe

✽✽✽

Qu'il eſt honteux pour vous que Châlons m
                              méprise

Quoy, point d'arc élevé que le public inſtruiſe ,

Que du Roy Loüis le Gros je deſcends , quoy
qu'on diſe.

Qu'il eſt honteux pour vous que Châlons me
mépriſe !

Quoy , pas un Magiſtrat à barbe noire ou griſe

Qui me vienne aborder par une harangue exquiſe!

Qu'il eſt honteux pour vous que Châlons me
mépriſe!

Qu'il eſt honteux pour moy d'emporter ma valiſe ,

Mon Ecuyer Charlot marchons vers Pierre-en-
ciſe.

AUTRE

Sur l'air : *Enfin grace au dépit.*

ENfin grace au dépit je goûte la douceur

De sentir le repos de retour dans mon cœur :

J'aurois peu comme un autre avoir une Inten-
dance,

Mais j'aurois fait une grosse dépense ;

Je me serois tué pour bien servir le Roy,

Et je suis dans Paris sans affaires chez moy :

J'ay sçû me consoler d'un refus qui m'outrage,

   Qu'aisément un homme bien sage

   Renonce à toute vanité ,

   Et qu'au lieu d'un tel esclavage

   Il est doux d'estre en liberté !

SUR

UNE FEMME

Entestée de sa Noblesse.

Sur l'air *de Joconde.*

Au premier quartier de Cresus,
  Au second Tiridate,
Au troisiéme Lisimachus,
  Au dernier d'Arondaté,
Sur le tour de Cesarion
  La belle Bradamante,
A fait mettre cet écusson
  Sur sa chaise roulante.

POUR

UNE FILLE OCCUPÉE D'ELLE

& de son ajustemenr.

Sur l'air : *D'accord avec la nature.*

L'Art qui veut aider la nature,

Sert Philis depuis quarante ans.

Les plis de ses manteaux rangez avec mesure,

Les habits qui luy font prendre tant de mesures,

Les bonnets de toute figure,

Tout n'est que pour les Amants.

AUTRE.

Sur l'air : *Je vous le dis & le repete.*

J'Aime une Maîtresse nouvelle,

N * * * elle s'appelle,

Son commerce est délicieux,

Mes chers amis beuvons à elle ;

Je n'en connois pas fous les Cieux

De plus piquante & moins cruelle.

AUTRE.

Sur le mefme air.

Que Bazin parte pour Suede ,

Qu'en Portugal demeure Oppede ,

C'eft un effet de la faveur ;

C'eft un effet de la providence

Que je fois d'affez bonne humeur

Pour vivre heureux dans l'indigence.

REMEDE POUR LE MAL DES DENTS.

Sur l'air des Ennuyeux.

Voulez-vous pour le mal des dents

Un remede dont on fe loüe,

Mettez fans perdre aucun moment

Voftre feffe fur voftre joüe ,

Si vous l'y tenez quelqne tems

Vous n'aurez jamais mal aux dents.

***

POUR MADAME

LA PRESIDENTE

LE C***

Sur le mefme air.

Quand quelqu'un vous paroît honteux

D'eftre à pied trop loin de la Ville,

Prefidente fermez les yeux,

Il n'eft pas tems d'eftre civile,

Car en ce cas l'honnefteté

Devient une inhumanité.

POUR

A MONSIEUR

DE B***

Sur l'air *de Joconde.*

Consolez-vous mon cher B * * *
    Griffet dit que la Douche
Pourra bien mettre à la raison
    Voſtre effroyable bo che,
Qu'on pourra la revoir enfin
    Dans ſon poſte ordinaire,
Mais il croit l'air du Limouzin
    Aux bouches fort contraire.

Sur voſtre bouche de travers
    Tout le monde raiſonne,
Tous les ſentimens ſont divers
    Et chacun s'en étonne :

Pour moy je ne m'étonne pas

D'aventure pareille,

Voſtre bouche a voulu tout bas

Vous parler à l'oreille.

✶✶✶✶✶✶✶✶✶✶✶✶✶✶✶✶✶✶✶✶

POUR

UN GENTILHOMME

NIVERNOIS

Qui ètoit à Bourbon.

Sur l'air : *Voſtre jeu fait icy grand bruit.*

L ✶ ✶ ✶ C'eſt la verité

Que ton viſage eſt de coſté,

Pourquoy nous en faire fineſſe,

L'on le dit tout haut dans Bourbon,

Et le dernier jour à la Meſſe

L'on te prit pour le bon B ✶ ✶ ✶

POUR LE MESME.

Sur l'air *de Joconde*.

B * * * avecque raison
  Vous plaisez à nos belles,
Mais vit-on jamais dans Bourbon
  Plus de bouches rebelles ?
Vostre visage de costé
  Marque quelque conqueste,
Dites-nous donc qu'elle beauté
  Vous fait tourner la teste ?

POUR MADAME.

LA MARESCHALE

DE R***

Dans son grand deüil.

Sur l'air ; *Puissant Roy qui donnez.*

Croyez-moy, Philis, consolez-vous,
C'est assez regretter un époux,
Vos appas vous demandent justice,
Remettez-les de graces en liberté,
Si jamais vous leur estes propice,
Je vous promets toute felicité.

POUR MADAME
LA MARESCHALE
DE R***

Sur l'air. *des Mayeux de Bretagne*,

La Maréchale,
Cessez d'estre Vestale,
La Maréchale,
Prenez-moy pour amant,
Un petit homme
Aime tout ainsi comme,
Un petit homme
Aime comme un plus grand.

P

***

POUR DEUX DAMES.

Qui sortoient des Minimes à midy.

Sur l'air

*Tu viens, Crequy, de sauver
la Champagne.*

Où sont ces gueux ? où sont tous ces chiens
d'hommes,
Les manteaux noirs me font mourir d'ennuy ;
Voyez un peu, ma chere, où nous en sommes.
Où sont ces gueux, ou sont tous ces chiens
d'hommes ?
Ah, que la Messe est cruelle aujourd'huy !

AU ROY.

Sur l'air *de Joconde*.

A La requeſte du Dieu Mars,

   Grand Prince un peu de guerre,

Qui portera vos étendars

   Aux deux bouts de la terre ?

La paix eſt l'écüeil des Heros.

   C'eſt une ridicule,

Qui fit jadis mal à propos

   Filer le grand Hercule.

AUTRE ſur le meſme air.

N Ous avons reduit Charlemont,

   La paix encore eſt faite,

Nous retournons en garniſon,

   L'Ennemy fait retraite,

P ij

L'Espagnol est tout étonné

Quand on parle de guerre;

Loüis est un enfant gasté,

On luy laisse tout faire.

***

LE COUCHER.

Sur l'air *de La Duchesse.*

Onnez-moy mon bonnet de nuit,

Quelle heure est-il?

J'ay bien mal à la teste,

Allons qu'on apreste

Vistement mon lit:

Faites du feu, qu'on chauffe ma chemise,

Ma toilette devroit bien estre mise;

Une robe de chambre,

Une chaise à bras,

Que l'on me fait attendre!

Tirez donc mes bas,

Qu'on se taise, & qu'on sorte,

Fermez promtement ma porte.

Mon Dieu qu'un homme las

Est bien entre deux draps !

POUR UN AVARE.

Sur l'air:

Tranquilles Cœurs.

Que vostre sort est malheureux,

Avec cent mille écus de rente :

Et quoy pour en amasser deux

A peine en dépensez vous trente.

Mais vous aurez de quoy vivre aprés vostre mort,

J'en demeure d'accord.

SUR UN PORTRAIT

adreſſé

A UNE DAMOISELLE

Dont on fi l'ouverture

DEVANT MONSIEUR DE LOUVOIS.

Sur l'air *de Joconde*.

Delivrez-nous du jugement

    Qu'on nomme témeraire :

Ce portrait eſt-il d'un amant,

    D'un époux ou d'un frere ?

Quelqu'il ſoit il a des traits,

    Vous eſtes jeune & belle,

Cachez un peu mieux vos ſecrets

    La poſte eſt infidelle.

RESPONSE.

Sur le mesme air.

NE faites point le jugement
    Qu'on nomme témeraire,
Ce portrait n'est pas d'un amant,
    D'un époux ni d'un frere;
Je sçay comme vous que souvent
    La poste est infidelle,
Mais cela m'est indifferent,
    Je ne suis pas comme elle.

POUR
MONSIEUR L'ABBE'
DE F***

Sur le mesme air.

ESt-il Poëte plus fameux
    Que l'Abbé de F****

Est-il quelqu'un qui fassemieux

     Des vers qu'il en sçait faire ?

Qu'importe par moins ou par trop

     D'alterer la cadence,

Pourvû qu'au pas comme au galop

     L'on dise ce qu'on pense ?

RECEPTE POUR ENGRAISSER

Sur le mesme air.

REnoncer aux soins pour jamais,

     Et vivre sans affaire

Dans une tres-profonde paix :

     Passer la nuit entiere,

Boire & manger incessamment

     En maison d'importance ;

C'est ainsi que fort aisément

     On se grossit la panse.

A MADAME

LA MARQUISE

DE C***

Sur l'air *de Joconde.*

Voulez-vous d'honnestes habits

    Sans faire de dépense,

Je vais vous donner un avis

    Et des meilleurs de France.

Un pretexte fort apparent,

    Exempt de tout reproche,

C'est d'avoir de quelque parent

    Toûjours la mort en poche.

Sous crespe noir un habit blanc

    Rend le deüil moins austere,

Mais il faut un crespe volant,

    Une brillante moire ;

Avec cela tous vos appas,

Madame la Marquiſe,

Et vous ſerez dans les Etats,

Triomphante & bien miſe.

POUR

MADEMOISELLE DESCARTES

Qui travailloit en broderie.

Sur l'air *de Joconde.*

Penelope paſſoit le tems

A coudre en ſon ménage,

Et remettoit tous ſes Amants

A la fin de l'ouvrage.

Deſcartes, ce ſiecle n'eſt plus,

Le noſtre eſt plus commode

Les pauvres Amants ſont receus

L'amour eſt à la mode.

AUTRE.

Sur le mesme air.

A Nantes pendant les Etats,

    Nombreuse compagnie,

Tous les jours de fort grands repas,

    Jeu, Bal, & Comedie,

En Berry, des prez, des ruisseaux,

    Une petite chere ;

Jamais de visages nouveaux,

    Liberté toute entiere.

AUTRE

Sur l'air : *Beuvons à nous quatre.*

Mon cœur aux loüanges

N'est point trop porté,

Mais si-tost qu'on eut chanté

Vos chansons, Coulange,

J'en fus enchanté.

Dans les bois de Chaulnes,

Par tous ces cantons,

Deſormais en cent façons ,

Les Pans & les Faunes

Diront vos Chanſons.

Noſtre Curé meſme

Avec ſes fredons ,

Dans ſon Prône & ſes Sermons

Qui fait en Careſme ,

Dira vos chanſons.

Cloches en muſique

Sur differens tons

Au lieu de leurs carillons ,

D'un air magnifique

Diront vos Chanſons.

Moy-même en mes lettres,

A tous les Bretons,

Au lieu de bonnes raiſons ,

J'écriray peut-estre

Toutes vos Chansons.

※※※

Ma Muse animée

De mille façons

S'en va par sauts & par bonds

A la Renommée

Porter vos chansons.

SUR UN VOYAGE

DE MONSIEUR

LE DUC DE CHAULNES

en Bretagne.

Sur l'air : *C'est le Prince d'Orange, C*
trop matin s'est levé,

LE malheureux Coulange

S'éveillant un Lundy,

Il appella la Brie :

Le Duc est-il, que maudit soit Bretagne,

Le Duc est-il party ?

※※※

Il appella la Brie,

Le Duc est-il party ?

Ah nenni dea, mon Maistre,

Il est encore, que maudit soit Bretagne,

Il est encor icy.

❊❊❊

Ah nenni dea mon Maistre,

Il est encor icy,

Il partira peut-estre

De grand matin, que maudit soit Bretagne,

De grand matin jeudy.

❊❊❊

Il partira peut-estre

De grand matin jeudy,

Que me dis-tu, la Brie,

J'en ay le cœur, que maudit soit Bretagne,

J'en ay le cœur transi.

❊❊❊

Que me dis-tu la Brie ?

J'en ay le cœur transi,

Mon habit de campagne ,

Je veux partir , que maudit soit Bretagne ,

Je veux partir aussi.

Mon habit de campagne ,

Je veux partir aussi ,

Mais helas ! mon beau-pere

S'en revient , que maudit soit Bretagne ,

S'en revient à Paris.

Mais helas ! mon beau-pere

S'en revient à Paris ,

Ah je me desespere ,

Je perds tout mon , que maudit soit Bretagne ,

Je perds tout mon crédit.

Ah je me desespere ,

Je perds tout mon crédit ;

Table & grand équipage ,

Je perds un bon , que maudit soit Bretagne ,

Je perds un bon ami.

✥✥✥

Table & grand équipage,

Je perds un bon ami,

Sans vous Duc, & Duchesse

Je vais mourir, que maudit soit Bretagne

Je vais mourir d'ennuy.

✥✥✥

Sans vous Duc & Duchesse

Je vais mourir d'ennuy,

Jusqu'au retour sans cesse,

Ce sera là, que maudit soit Bretagne,

Ce sera là mon cri.

A MONSIEUR

A

MONSIEUR LE DUC

DE CHAULNES.

Sur l'air :

Voicy comme je passe ma vie.

Dieux qu'en Bretagne ou trouve d'abondance !
   Quelle magnificence !
   Quel tumulte, & quel fracas
   Dans le tems des Etats !
   Il n'est aucun Seigneur
Qui vive avec plus d'éclat, plus d'honneur
   Que l'illustre Gouverneur :
   Tous les Barons par bande
Se rangent sans qu'on les mande,
   A sa Cour,
Plus grosse que celle de Brandebourg :
Je n'ay jamais vû Gouverneur d'un tel air
     Q

De Vitré jusqu'à Vair,

Car aprés la pierre d'ingrande

Je ne vis plus qu'un Duc & Pair.

A MADAME

LA MARQUISE

DE SEVIGNE',

Charmée de la lecture d'Homere.

Sur l'air *de Joconde*.

Achille contre Agamemnon

Est outré de colere :

Achille au pauvre Licaon

Est cruel & severe :

Vous le voyez toûjours les bras

Retroussez jusqu'au coude,

Sanglant au milieu des combats,

Ou dans un coin qui boude.

Ulisse est beaucoup plus prudent

    Et beaucoup plus traitable ;

Calipse le trouvoit charmant,

    Et Circé fort aimable ,

Mais il devient bien ennuyeux

    A la fin du voyage ,

Quand il paroist fait comme un gueux

    Dans son pauvre ménage.

          ❀❀❀

Cependant ces deux fiers à bras

    Et le fils de Tidée ,

Te charment par tous leurs combats

    Et leurs grands coups d'épée :

Le Tasse estoit ton bien aimé ,

    Tu ne t'en pouvois taire ,

Altri tempi , altre cure ,

    Maintenant c'est Homere.

          ❀❀❀

Quand vous aurez à debiter

    Quelque triste avanture ,

Q ij

Marquife pour bien profiter

D'une telle lecture,

Du grand Achille n'allez pas

Prendre la petulance,

Mais fuivez toûjours pas à pas

D'Uliffe la prudence.

※※※

A l'Infante Nauficaa,

Dés le point de l'Aurore,

Minerve vient crier, ha, ha,

Quoy vous dormez encore !

Allez, fortez de voftre lit,

Courrez à la riviere;

De vos mains lavez voftre habit

Royalle lavandiere.

※※※

A ces mots la Princeffe part,

Se lance, vole, arrive,

Plus legere & vîte qu'un dard,

Sur la prochaine rive,

Habits dans l'eau, favon en main,

Elle lave, elle frotte

Son manteau, fon vertugadin,

Sa chemife & fa cotte.

Cependant Uliffe battu

Par un cruel orage,

Le cœur conftant, & le corps nû,

Fend les flots à la nage,

Et prend terre, & foudainement

La genereufe fille,

Bonnemeut & modeftement

De fes juppes l'habille.

En chantant cet évenement,

Dites à la Comteffe,

Qui merite fi juftément

Toute voftre tendreffe,

Qu'Infantes de l'antiquité,

De race bonne & belle,

Avoient une fimplicité

Qu'on ne voit point en elle.

AUTRE

Sur l'air *de Joconde.*

LEs jours ne se ressemblent pas,

Hier un cruel orage,

Des vents qui jettoient tout à bas,

Qui faisoient du ravage,

Aujourd'huy le Ciel est serein,

Le Soleil nous éclaire,

Peut-estre reverrons-nous demain

Un autre temps contraire.

AUTRE

Sur le mesme air.

HOnesteté, docilité,

Et quelque complaisance,

Sont les marques en verité

D'une bonne naiſſance ;

Avec raiſon, avec douceur

L'on a ce qu'on ſouhaite ;

Sçachez que la mauvaiſe humeur

Ne convient qu'à Perrette.

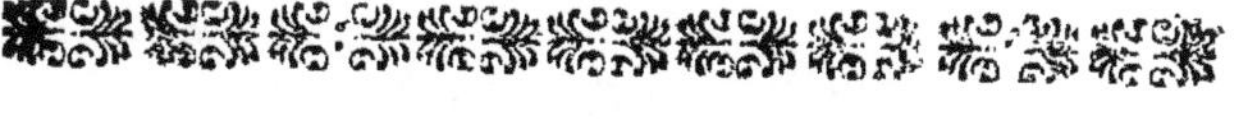

LA NOBLESSE.

Sur le même air.

D'Adam nous ſommes tous enfans ,

La preuve en eſt connuë ,

Et que tous nos premiers parents

Ont mené la charruë ,

Mais las de cultiver enfin

La terre labourée ,

L'un a detelé le matin ,

L'autre l'apreſdinée.

POUR MADAME
LA MARQUISE
D'***

Sur l'air *des Ennuyeux.*

Vostre retraite hier au soir,
Marquise, ne fut point troublée,
Elle nous mit au desespoir,
Nostre troupe en fut accablée,
Cela joint à l'Ombre pervers
M'empeschent d'honorer vos vers.

Belin ne voyoit dans son jeu
Que des cartes des plus étranges,
Les Matadors paroissoient peu
Ils n'abandonnoient pas Coulange,
Qui les voyant comme à tatons,
Gagna quatre mille jettons.

La

La sage Deffiat ne perdit rien,
Mais elle estoit fort desolée,
Elle auroit donné de son bien
Pour vous voir dans nostre assemblée,
Et pour moy je pestois tout bas
Contre les Dames du haut pas.

L'aimable & charmante Belin
Nous fit un souper admirable,
Sur une nappe de fin lin,
Avec un rost incomparable,
Mais vostre absence en verité,
Nous avoit mis sur le costé.

Frontenac fit tout comme vous,
Avec la divine Outrelaise ;
Elle ne voulut point de nous,
Pour vivre chez elle à son aise :
Le seul Abbé de Montmoreau
Honora le petit troupeau.

R

<hr>

SUR

UN DISNER.

Sur l'air :

Tu viens , Crequy , &c.

Figues & Melons , des choux pour tout potage,

Pour tout entrée un peu de bœuf salé ,

Pour tout roti des perdreaux de bon âge ;

Un jambon , des cerneaux , du fromage ,

Du vin frais , & de la liberté.

A
MADAME LA MARQUISE
DE COETLOGON.

Sur l'air :

Voſtre jeu fait icy grand bruit.

LA Marquiſe de Coëtlogon

Veut qu'on la chante ſur ce ton,

Sur ce ton je la remercie

De ſes ſoins, & de ſes bontez,

Car pour moy dans ma maladie,

Tous ſes Laquais ſe ſont crotez.

AUTRE

Sur l'air *des Ennuyeux.*

N'Acceptez pas legerement
La chose qui vous fait envie,
On ne vous l'offre bien souvent
Que par pure ceremonie;
Demeslez donc l'honnesteté
D'avecque la sincerité.

LE MALADE

Sur l'air :

C'est le Dieu des eaux qui va paroistre.

SI le Medecin prétend paroistre,
Qu'on le jette par la fenestre,
Qu'on en fasse autant à l'apoticaire,
Qu'on écrase toute la faculté :
Nature à moy, nature salutaire,
Viens réparer ma santé

PORTRAIT

Sur l'air :

Quand le péril est agréable.

Avoir taille noble & bienfaite,

Rare beauté, beaucoup d'esprit,

Bien parler, coucher par écrit,

Voilà ce que vous estes.

Je ne prétends pas de vous dire

Dans ces huit Vers rien de nouveau,

Mais chanter sur mon chalumeau,

Ce que chacun admire.

AUTRE.

Sur l'air *des Ennuyeux.*

Nous avons eu toute la nuit

Un beau fracas, un beau ménage;

Barré * se plaignoit à grand bruit ;   *Concierge
                                          mort.
Nous craignions d'en voir le visage,

Mais enfin on a pris Barré

Qui fournoüilloit dans le fossé.

La belle & charmante Louvois,

Sur son lit tristement juchée,

Nous a paru presqu'aux abois,

D'entendre cette ame damnée,

Mais enfin on a pris Barré
Qui fournoüilloit dans le fossé.

Cet esprit avoit pris d'un chien,

Mais d'un vilain chien la figure,

Il en avoit tout le maintien,

Et l'hurlement, & l'encolure,

Et c'estoit ce bel animal

Qui nous avoit fait tant de mal.

REQUESTE

DU CHAPITRE

De Péquighy,

A MADAME LA DUCHESSE

DE CHAULNES.

Sur l'air de Joconde.

Les Chanoines de Pequigni
    Font humble remontrance,
Que depuis un tems infini,

Leur orgue est en silence

Destourbes * les feroit chanter,

Le bel œuvre Duchesse,

Daignez leur requeste accorder,

Et leur faites largesse.

AUTRE REQUESTE.

Sur le mesme air.

LE Chapitre a representé,

En posture soûmise,

Qu'une trop grande humidité

Fera tomber l'Eglise :

Comme l'a gissent en repos

Vos illustres ancestres,

Faites pour égayer leurs os

Percer quelques fenestres.

Au surplus on est fort content

D'estre sous vostre Empire,

Mais on ne vous voit pas autant

   Que chacun le defire :

Pequigni ne peut s'empefcher

   De pefter contre Chaulnes :

Il vous offre pour vous coucher

   Un lit de damas jaune.

A MONSIEUR

DE SCHOMBERG.

Sur l'air *de la Duchesse*.

Ordonnez des grillades,

   Ragouts & poivrades,

   Pour me recevoir :

Dites chez vous qu'on faffe des merveilles,

Mais que fur tout on ait foin des bouteilles,

   Qu'on ait du vin d'Efpagne,

   Du Rhin, de Mafcon,

   J'arrive de Bretagne,

Je bois en Breton :

Inutile fur la terre,

J'ay pris le parti du verre,

Pour mettre mes chagrins,

Toûjours entre deux vins.

POUR MADAME

LA PRINCESSE

D'ESPINOY.

Sur l'air *de Joconde*.

DE Melun & de Vaudetard,

J'ay chanté l'alliance ;

Et comme j'eſtois par hazard

Iſſu d'un Roy de France ;

A la Princeſſe d'Epinoy,

Jugez ſi je m'en vante,

Qui des malheureux comme moy

Veut bien eſtre parente.

Témoigner pour un malheureux

Une amitié sincere,

Le recevoir tout de son mieux,

Bon lit, & grande chere,

Un accüeil égal, & charmant,

Donner sans fin, sans cesse,

C'est ainsi qu'au païs Flamand,

Ma traité la Princesse.

SUR LA MORT

D'UN CHIEN, D'UN CHAT,

Et d'une Guenon.

Sur l'air *de Joconde.*

HElas ! on meurt par tout païs,

Lenti pleure Damine,

Lorsque Lédiguiere à Paris

Regrette sa Ménine,

Damine avoit tous les appas

D'une chienne qui flatte ;

Ménine paſſoit chez les chats

Pour la plus belle chatte.

Mais la mort, quelle trahiſon !

De plus en plus cruelle,

Vient d'enlever une guenon

Digne d'eſtre immortelle.

Charmante Louvoy, je conviens

Que cette perte eſt rude ;

Mais qui n'a ni guenon ni chien

A moins d'inquiétude.

RECUEIL

DE

CHANSONS

CHOISIES.

SECONDE PARTIE.

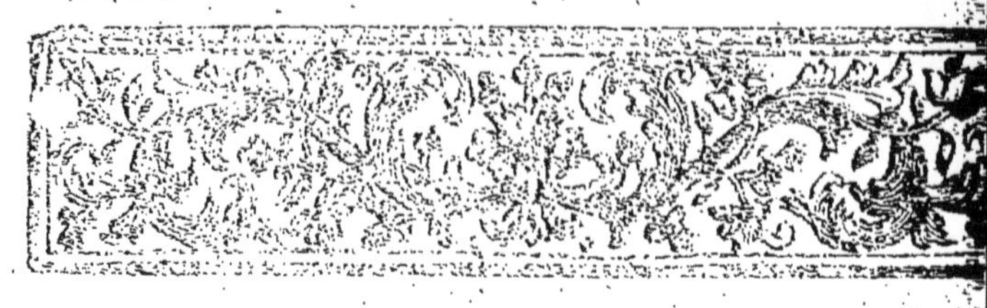

RECUEIL
DE
CHANSONS
CHOISIES,
SECONDE PARTIE.

SUR LA PRISE DE MAESTRICHT.

A A, A reprent une aubade,
Aubade sûr les remparts,
Contre la ... chamade,
Cilas à tous les ...
Voicy le Roy de France,
La Roy de France,
Helas, mon Dieu, je suis morte ...

RECUEIL
DE
CHANSONS
CHOISIES.

SECONDE PARTIE.

SUR LA PRISE DE MASTRIK.

FAR jAu voyant noſtre armée

Arriver ſur ſes rempars,

Couroit la face alarmée,

Criant à tous ſes ſoudars

Voicy le Roy de France,

Le Roy de France,

Helas, mon Dieu, je ſuis mort quand j'y penſe !

✻✻✻

Ne voyez vous pas ce borgne,

Le vaillant Comte de Momaly

Comme de loin il nous lorgne,

Monté sur son grand cheval,

Son grand cheval,

A grand pas qui s'avance,

Helas, mon Dieu, je suis mort quand j'y pense.

✻✻✻

S'il venoit à la sourdine

Comme il fit à Charle-Roy,

Malgré rempart & courtine,

Nous serions en desarroy,

En desarroy,

Sans aucune esperance,

Helas, mon Dieu, je suis mort quand j'y pense.

✻✻✻

Prenons tous la rouge écharpe,

Mes fideles compagnons,

Ils sont sur la contrescarpe

Avec

Avec trente canons,

Trente canons,

Tirans à toute outrance.

Helas, mon Dieu, je suis mort quand j'y pense!

* * *

SUR LE SIEGE

DE CHARLEROY

Par le Prince d'Orange.

Sus François que l'on se range,

Voicy le Prince d'Orange,

Pon pata, pon, tarare ponpon.

Monté sur son palefroy,

Qui s'en va prendre Charleroy,

Il aura bien sa revanche,

Pon pata pon, tarate ponpon.

* * *

Villhermosa l'accompagne,

Et fait trembler la campagne,

S

Pon pata pon, tarare ponpon.

Il a déja fait ses ponts
Dreſſé mortiers & canons,
Criez, Montal, vive Espagne
Pon pata pon, tarare ponpon.

Rendez-vous mon camarade,
Battez, battez la chamade,
Pon pata pon, tarare ponpon.

Neubourg, & Wolfembutel,
Munſter, Oſnabruc, & Zell,
Vont monter à l'eſcalade,
Pon pata pon, tarare ponpon.

Montal à cette ſemonce
Prend ſon capel & l'enfonce
Pon pata pon, tarare ponpon.

Ah! Meſſieurs les Hollandois,
Approchez un peu plus près,
Vous entendrez ma réponſe,
Pon pata pon, tarare ponpon.

Alors l'Efpagnol rangaine ,

Prend le large dans la plaine ,

   Pon pata pon , tarare ponpon.

Nous ne levons pas le pic ,

Nous allons prendre Maftric ,

Ce trou n'en vaut pas la peine ,

   Pon pata pon , tarare ponpon.

Sur la Campagne

DE MONSEIGNEUR

LE DAUPHIN.

Triomphez Efpagnols , & vous fiers Allemans ,

La France eft aux abois , voftre gloire eft parfaite ,

Commencez de L o ü i s à chanter la défaite ,

Il eft déja contraint de vivre à vos dépens ,

Déja noftre Dauphin avec toute fa gloire ,

   Pour goûter un doigt de bon vin ,

            S ij

Est forcé de passer le Rhin:

Ah, c'est bien loin chercher à boire!

Ce Heros aura lieu de se plaindre de vous,

Vous nous aviez promis d'en apporter chez nous.

SUR LA PRISE

DE MONS,

MOns pris, helas! qui le croiroit,
Toute la ligue en douteroit,
Si des ligueurs le plus habile,

N'avoit employé tous ses soins
Pour amener devant la Ville
Quarante-cinq mille témoins.

SUR LA PRISE
DE NAMUR.

Sur l'air :

ORange est venu de Nivelle

Au bruit de Namur investi ;

Il ne fuit pas quand on l'appelle,

Puisqu'en grand haste il est parti.

Mais voir prendre sa Citadelle,

Et perdre ce poste important,

O ! pour cela Jean de Nivelle

En auroit bien pû faire autant.

HARANGUE

DU PRINCE DE WALDEK

AUX HOLLANDOIS

Avant la jonction des Troupes de Brandebourg.

Le jour de la Bataille de Flerus.

Sur l'air : *Pierre Bagnolet.*

Quand Waldek apperçu d'armée

Du Maréchal de Luxembourg,

Il dit piquant sa haquenée,

Ce sont les restes de Valcourg

Sans Brandebourg,

Sans Brandebourg,

Ma foy la bataille est gagnée,

Nous tenons, du Maine &c.

Sus Hollandois, faites merveille,

Courage, fameux combattans.

Les Franchots vont baisser l'oreille,

Et nous les amenerons battans

    Dans peu de temps,

    Dans peu de temps,

Compagnons, pour vuider bouteille,

C'est à Paris que je vous rends.

A moy Naffau, trouppe fidelle

Courons au feu, faisons fracas,

Nos ennemis en ont dans l'aile,

Ils ne s'en releveront pas,

    Caftanaga,

    Caftanaga

Ce grand Gouverneur de Bruxelles

Le fera fçavoir aux Etats.

Viens prendre part à la Victoire

Grand Gouverneur de Charleroy,

Viens d'Espagne augmenter la gloire,
Criant deſſus ton palefroy,
    Vive le Roy,
    Vive le Roy.
Tu ſeras plus grand dans l'hiſtoire
Que n'eſt le Heros de Rocroy.

    ❋❋❋

    Déja pour nous eſt le bagage,
La poudre & les munitions,
Les chevaux, & tout l'équipage,
Seront conduis juſques dans Mons,
    Et les canons,
    Et les canons.
Dieu ſçait, bons Flamans, quel pillage,
Au milieu du Camp nous ferons.

    ❋❋❋

    François zelez pour l'Evangile,
L'honneur de la Réligion,
Si devant vous on ne fait gille,
Maſſacrez ſans compaſſion

            Tou

Tous les dragons,

Tous les dragons.

Qui vous ont arraché la Bible

Et fait faire abjuration.

✻ ✻ ✻

Dinan fans attendre le fiege

Va fe rendre à difcretion,

Et déja le Prince de Liege

A fait fonner le carillon

Du Te Deum,

Du Te Deum.

Les ennemis font pris au piege,

Difons pour eux Fidelium.

✻ ✻ ✻

Vifte un courrier pour l'Angleterre,

Avant qu'Orange foit en mer,

Faifons luy voir que dans la guerre,

Waldek vaut du moins un Schomber.

Grand Stathouder,

Grand Stathouder,

T

Trente mille François par terre
Vont te vanger de St Omer.

Mais quoy, les François à la nage
Ont déja la Sambre passé,
Quel ordre au milieu du carnage,
Amis ne suis-je point blessé ?

Les enragez,
Les enragez,
Nous n'avons qu'à plier bagage,
Ma foy c'est Turenne ou Condé.

Le Comte de Nassau las de vivre,
Veut périr avec ses soldats,
Au danger Flodorpe se livre,
Et Tiron cherche le trépas ;

Ils sont à bas,
Ils sont à bas,
Au tombeau Berleau peut les suivre,
Pour moy je me dois aux Etats.

❊❊❊

Non, ce n'eſt point une défaite,

Conſolez-vous, cher Hollandois,

C'eſt une honorable retraite,

Telle que je fis autrefois :

    Nos Palefrois,

    Nos Palefrois

Feront en ce jour une traite

A faire crever les François.

❊❊❊

    Compagnons, pourquoy nous abattre,

Ne ſongeons qu'à doubler le pas,

Luxembourg fait le diable à quatre,

Ayons des pieds, s'il a des bras,

    Car des Etats,

    Car des Etats

Nous avons ordre de nous battre,

De vaincre nous ne l'avons pas.

SUCCEZ
De la Harangue,
DU PRINCE DE WALDEK.

Sur le mesme air.

Waldek pour mieux gagner Nivelle,

Nous laisse Drapeaux & Canons,

Du Maine en vain court & l'appelle

En luy criant : Tu fuis, poltron,

   A moy, Barbon,

   A moy, Barbon,

C'est le chien de Jean de Nivelle,

Qui s'enfuit quand nous l'appellons.

REQUESTE
DE WALDEK
AUX ETATS DE HOLLANDE
Aprés la perte
DE LA BATAILLE.

Sur l'air *de Joconde.*

SI Waldek euft fuivy,

    Malgré les deftinées,

Sa rare prudence aujourd'huy

    Auroit fauvé l'armée ;

Pour éviter de tels malheurs,

    Qui fouvent nous arrêtent,

Il vous demande, Meffeigneurs,

    Des foldats qui le fuivent.

SUR LA PRISE

DE NAMUR.

BErgeres & Bergers allants ,

Ah ! qu'il y va gaiment !

Mener leurs troupeaux à Dinan,

Tout le long de la riviere,

Ah ! qu'il y va ma Bergere,

Ah ! qu'il y va gaiment !

Mener leurs troupeaux à Dinan,

Ah ! qu'il y va gaiement !

Se difoient en chemin faifant,

Tout le long de la riviere,

Ah ! qu'il y va , ma Bergere ,

Ah ! qu'il y va gaiement !

    Se difoient en chemin faifant ,

Ah ! qu'il y va gaiement !

Guillaume fur fa grand jument

Tout le long de la riviere ,

Ah ! qu'il y va , ma Bergere ,

Ah ! qu'il y va gaiement !

※※※

    Guillaume fur fa grand jument ,

Ah ! qu'il y va gaiement !

Vient avec un grand armement

Tout le long de la riviere ,

Ah ! qu'il y va , ma Bergere ,

Ah ! qu'il y va gaiement !

※※※

    Vient avec un grand armement ,

Ah ! qu'il y va gaiement !

Secourir le païs Flamant

Tout le long de la riviere ,

Ah ! qu'il y va , ma Bergere ,

Ah ! qu'il y va gaiement !

※※※   T iiij

Secourir le païs Flamant,

Ah ! qu'il y va gaiement

Devant Namur le Roy l'attend

Tout le long de la riviere,

Ah ! qu'il y va, ma Bergere,

Ah ! qu'il y va gaiement!

※※※

Devant Namur le Roy l'attend,

Ah ! qu'il y va gaiement

Et Luxembourg en fait autant

Tout le long de la riviere,

Ah ! qu'il y va, ma Bergere,

Ah ! qu'il y va gaiement

※※※

Luxembourg en fait autant,

Ah ! qu'il y va gayement

S'il peut chasser Loüis le Grand

Tout le long de la riviere,

Ah ! qu'il y va, ma Bergere,

Ah ! qu'il y va gaiement!

※※※

S'il peut chasser Loüis le Grand ;
Ah ! qu'il y va gaiement !
Je luy donneray un merle blanc
Tout le long de la riviere,
Ah ! qu'il y va, ma Bergere,
Ah ! qu'il y va gaiement !

Je luy donneray un merle blanc,
Ah ! qu'il y va gaiement !
Là-dessus un homme accourant
Tout le long de la riviere,
Ah ! qu'il y va, ma Bergere,
Ah ! qu'il y va gaiement !

Là-dessus un homme accourant,
Ah ! qu'il y va gaiement !
Leur dit en les abordant
Tout le long de la riviere,
Ah ! qu'il y va, ma Bergere,
Ah ! qu'il y va gayement !

Leur dit en les abordant :

Ah ! qu'il y va gaiement !

Namur est pris assurément

Tout le long de la riviere,

Ah ! qu'il y va, ma Bergere,

Ah ! qu'il y va gaiement !

❊❊❊

Namur est pris assurément,

Ah ! qu'il y va gaiement !

Et Guillaume a perdu son temps,

Tout le long de la riviere,

Ah ! qu'il y va, ma Bergere,

Ah ! qu'il y va gayement !

❊❊❊

Et Guillaume a perdu son temps,

Ah ! qu'il y va gaiement !

Nôtre Roy revient triomphant

Tout le long de la riviere,

Ah ! qu'il y va, ma Bergere,

Ah ! qu'il y va gaiement !

❊❊❊

Nôtre Roy revient triomphant,

Ah ! qu'il y va gaiement !

Allons riant , chantant , danſant

Tout le long de la riviere ,

Ah ! qu'il y va , ma Bergere ,

Ah ! qu'il y va gaiement !

CONSOLATION

DU

PRINCE D'ORANGE

AU DUC DE BAVIERE

ET A SES ALLIEZ

Sur la Prife de Namur.

Sur l'air : *De mon pot je vous en*
réponds, &c.

Flamands à voftre fecours,

Voyez comme je cours,

S'agit-il pour voftre défenfe

De dépenfer vos patagons ?

De cela je vous en réponds,

Mais du combat non non.

Faut-il battre le tambour

Pour braver Luxembourg,

Faire marcher en fa prefence

En bon ordre mes efcadrons,

De cela je vous en réponds,

Mais du combat non non.

✻✻✻

Si Namur eft aux abois,

Croyez-moy, Hollandois,

Que fur la Meufe en diligence,

Je feray conftruire des ponts,

De cela je vous en réponds,

Mais du combat non non.

✻✻✻

Baviere, comptez fur moy,

Je vous jure ma foy

De ne point quitter cette place

Qu'à la Capitulation,

De cela je vous en réponds,

Mais du combat non non.

✻✻✻

Mais bien que Namur soit pris,

Rassurez vos esprits,

Je feray, pour garder Bruxelles,

Ce que je fis pour garder Mons;

De cela je vous en réponds,

Mais du combat non non.

DIALOGUE

ENTRE

LE PRINCE D'ORANGE,

&

LE PRINCE DE BARBANÇON,

SUR LA PRISE DE NAMUR,

Sur l'air *de Joconde.*

LE PRINCE D'ORANGE.

GOuverneur, vous avez grand tort,
    Vous deviez vous deffendre.

LE PRINCE DE BARBANÇON.

Naſſau, qui n'eſt pas le plus fort,
    Doit prudemment ſe rendre.

LE PRINCE D'ORANGE.

Mais ne me contiez-vous pour rien
    Je vous voyois combattre.

LE PRINCE DE BARBANÇON

Oüy, mais Naſſau je voyois bien

Que vous n'oziez vous batre.

AUTRE

Sur l'air *de Joconde.*

Guillaume fait des actions

D'une gloire immortelle,

Lors qu'il nous a vû prendre Mons,

Il a gardé Bruxelles.

Il vient nous voir prendre Namur

Pour défendre Liege,

Sa preſence eſt un moyen ſûr

Pour terminer un Siege.

LE
PRINCE D'ORANGE
Devant
MONS & NAMUR.

Sur l'air *des Ennuyeux.*

Nassau sçait fort bien estimer

Toutes les Places qu'il voit prendre,

Moins de gens devant Saint Omer,

Plus de gens à voir Mons se rendre,

Mais pour Namur il veut au moins

Quatre-vingts-dix mil témoins.

Y

* * *

PARALELLE
DU PRINCE D'ORANGE
Avec
CESAR.

Sur le mesme air.

LE grand Cesar vit & vainquit,
Guillaume vint, & vit de mesme ;
Des trois choses que Cesar fit,
Il n'a manqué que la troisiéme ;
Guillaume donc sans contredit,
Est un vray Cesar en petit.

LETTRE
DU ROY D'ESPAGNE

AU PRINCE D'ORANGE.

Aprés la Prise de Namur.

Sur l'air : *Des Folies d'Espagne.*

Que faites-vous, fameux Prince d'Orange,
Prés de Namur avec tant de soldats ?
Je croy que c'est une folie étrange
De vous laisser garder les Païs-Bas.

A ces Etats je vous crû nécessaire,
Vous promettiez de tout faire pour moy ;
Je ne suis point d'ailleurs vôtre Beau-pere,
Et pourquoy donc me manquiez-vous de foy ?

V ij

Vous avez sçû conquerir l'Angleterre,

Et ce ne fut, dit-on , pour vous qu'un jeu ;

Vous dompteriez ainsi toute la Terre,

S'il ne falloit point s'expofer au feu.

J'apprens qu'au lieu de paffer la riviere,

Vous vous tenez toûjours fort loin des coups ;

Si vous euffiez laiffé faire Baviere,

Il auroit fait plus de fracas que vous.

Retirez-vous promptement en Hollande,

Vous remettrez par tout la fûreté,

C'eft de Madrid que cecy je vous mande,

Imitez-moy dans ma tranquillité.

CONSOLATION
DU
DUC DE SAVOYE
APRES LA BATAILLE
de Stafarde.

Sur le mesme air.

LE Roy de Chypre en son Conseil de guerre,
Qu'il tint aprés avoir été battu,
Dit en mettant la main au Cimeterre,
C'étoit fait d'eux si nous avions vaincu.

Tant mieux, morbleu, qu'ils se rendent les maitres
De la Savoye, & de tout le Piémont,
Au Milanez tombeau de leurs Ancestres,
Je les attends pour en avoir raison.

A U
PRINCE D'ORANGE.

Sur l'air

Sçavez-vous qu'elle est cette Belle?

AH ! qu'il est digne de loüange,

Ce valeureux Prince d'Orange,

D'avoir fait grace au Grand Bourbon,

Prest d'envahir son riche & vaste Empire,

Il se contente de Beaumont,

Fait tirer deux coups de canons,

Voit Luxembourg, (bis.) & se retire.

CHANSON
DES VIGNERONS.

Maugré les Huguenots, les Huguenots,

Et le Prince d'Orange,

Je ferons en paix la vandange,

Nôtre bon Roy défend noftre raifin.

Ils ont biau li faire la guerre,

Ils ne feront morgué que de l'iau toute claire,

Et nous je ferons de bon viu.

Et nous je ferons de bon vin.

PAROLES SUR LA CHACONNE

DE PHAETON.

AMis le verre en main,

Qu'un chacun s'arme soudain,

Amis le verre en main

Trinquons jusqu'à demain,

Rions, chantons,

Beuvons, mangeons,

Ne songeons plus

Desormais à Venus,

Et ne dressons des autels qu'à Bacchus;

Et ne dressons des autels qu'à Bacchus,

Qui boit de ce jus divin

N'est jamais chagrin,

Qui boit de ce jus divin

N'est jamais chagrin.

Mais souvent en aimant

On

On reſſent mille tourmens,

Mais ſouvent en aimant

On reſſent mille tourmens,

Amis n'aimons jamais

Philis ni ſes attraits,

Evitons deſormais

Ces dangereux objets.

Il vaut ma foy bien mieux

Boire de ce vin vieux,

Juſqu'à tant qu'il nous ſorte par les yeux ;

Ah ! Dieu que ce jus a d'appas,

Que j'en veux boire à ce repas !

Faites tous comme moy,

J'impoſe cette loy,

Faites tous comme moy,

Buvez comme je bois.

Que ce jus eſt doux ?

Ah ! le grand gouſt !

Qu'en dites vous ?

Recommençons tous,

X

Ne soyons pas si fous

D'en laisser,

Deussions nous

En crever,

Bûvons tant que nous soyons sous,

Verse du vin par tout,

De l'un à l'autre bout ;

Trinquons, choquons, bûvons,

Vive les bons garçons.

Qu'on rapporte un ragoust ,

Bûvons plus de cent coups,

L'amour en dust-il devenir jaloux.

Ton jus ,

Bacchus ,   } bis.

Est plus

Charmant que Venus ;

Pere divin ,

Grand Dieu du vin ,   } bis.

Que ferions-nous

Sans ton secours ;

Sans toy l'on ne vivroit,

On languiroit,

On se mourroit,

Mais si-tost qu'on te voit

Briller avec tes rubis,

Fut-on prest de mourir, on est bientost remis.

Peres des Bûveurs, ceux qui suivent tes loix

Sont mille fois

Plus heureux que les Rois.

On les entend rire & chanter,

Et folastrer

Tour à tour,

S'empresser à te faire la Cour :

Qui ne t'aimeroit pas

Dans un repas ?

Chantons incessament,   } bis

Repetons mille fois en bûvant,

Chantons incessament,

Qu'il n'est point de Dieu plus charmant.

LE MECONTENT

de Paris,

ET DE SA FEMME.

AH fortons de Paris !

Maudit païs,

Méchante Ville,

Où l'on eft par trop habile ;

Je rends grace à mon deftin

Qui me met en chemin

De revoir mes chers amis Touloufains,

Quel horrible embatras,

Quel fracas

N'eft-ce pas ?

Courir au trépas,

Si-toft qu'on fait un pas !

Tous les diables enfemble,

(Me femble)

Feroient moins de bruit.

Peut-on dormir la nuit ?

Ce font cris furieux

En tous lieux

D'yvrognes d'oublieux ;

De concerts amoureux,

Au moment qu'il fait jour

Il faut faire fa Cour

A mille Procureurs

Chicaneurs

Et voleurs,

Qui fans nulle reffource

Epuifent une bourfe ;

Sans qu'un procez

Ait jamais

Un meilleur fuccez.

Aller chez Catin ,

C'eft eftre fin

D'en fortir fain ;

Mais pour le bon vin

On le peut dire fans façon,

Au cabaret tout eft poifon :

Le meilleur Medecin

Eft grand affaffin,

Et les joüeurs

Sont tous pipeurs

Et voleurs.

Quittons donc cette ville infame,

Allons goûter en repos

Le plaifir

Du loifir

Au milieu des pots ;

Mais au païs

Je trouveray ma femme :

Ah ! grands Dieux

C'eft encore pis ;

J'aime mieux malheureux

Vivre à Paris.

AUTRE

ON croit d'abord que tout est bagatelle,

Mais en amour tout est à redouter,

Et quand on veut estre fidéle,

Il est dangereux d'écouter.

AUTRE

Sur l'air des Folies d'Espagne.

HEureux qui peut sans se faire connoistre,

Loin des honneurs en paix vivre, & mourir !

Quand au dehors nous cherchons à paroître,

En même temps nous cherchons à souffrir.

X iiij

AUTRE

Sur l'air *de Joconde.*

DE mes importuns créanciers

Je ne dois rien attendre,

Ils ont saisi sur mes fermiers

Ce que je puis prétendre :

Quatre écus font mon capital,

Ami, veux-tu m'en croire ?

Avant que j'entre à l'hôpital,

Allons vîte les boire.

AUTRE.

AH ! que nous sommes en repos

Parmi les verres & les pots,

Aucun chagrin ne nous traverse.

En amour on devient jaloux,

A suivre Mars on craint les coups,

On risque, on perd dans le commerce,

Mais rien icy n'est à craindre pour nous,

Si ce n'est qu'en faisant les fous ,

Noftre bouteille se renverse.

AUTRE.

Sur l'air *des folies d'Espagne.*

QU'il est doux d'estre long-temps à table !

Qu'il est doux de boire à petits coups !

La liberté rend la chere agreable ,

Mes chers amis, pourquoy me pressez-vous ?

AUTRE

Sur l'air :

De la Marche du Prince d'Orange.

Amis décoiffons la bouteille ,
Ne nous adonnons plus qu'au vin :
Si nos belles
Font les cruelles ,
Mocquons-nous d'elles ,
Bûvons toûjours ;
Bacchus contre l'amour
Est un puissant secours.

AUTRE.

Sur l'air *de Joconde*.

ECoute ami triste & jaloux,

    Ce que je te conseille,

Tu n'aimes pas mieux tes yeux doux

    Que j'aime ma bouteille,

Ainsi que je la traite, apprens

    A traiter ta Bergere :

Je la quitte dés que je fens

    Qu'elle devient legere.

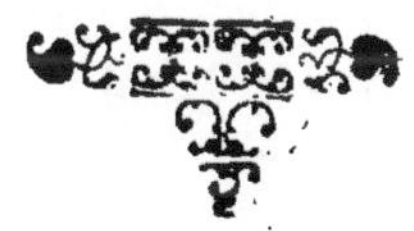

AUTRE.

Bacchus m'avoit promis un jour
De guerir ma raison, de m'oster mon amour ;
Et d'enlever à Cloris sa conqueste :
Je l'ay crû vainement,
Et sa douce liqueur
A chassé seulement
La raison de ma teste,
Sans chasser l'amour de mon cœur,
Sans chasser l'amour de mon cœur,

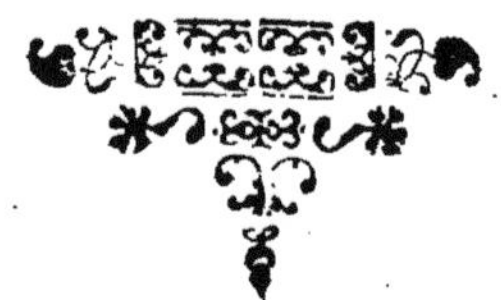

AUTRE.

PEtits oiseaux, rassurez-vous,

Je ne viens pas dans ces bocages

Pour interrompre vos ramages

Ni troubler des plaisirs si doux,

C'est l'amoureuse resverie

Qui m'a conduit dans ce bois écarté,

Et bien loin d'en vouloir à vostre liberté,

Helas ! j'y viens pleurer celle qu'on m'a ravie.

AUTRE.

DEssus la feüille d'un ormeau,
J'avois écrit une chanson jolie,
Que pas un Berger du hameau
Ne me feroit faire folie ;
Le vent souffla dans le buisson,
Adieu la feuille, & la chanson.

AUTRE.

SUr la fin d'un charmant repas,
Je commençois à regarder Climene,
Et je sentois que ses appas
   Alloient renouveller ma peine,
On nous apporta du vin frais,
Adieu Climene & ses attraits.

AUTRE.

LE bon vin me réveille,

Et sa liqueur vermeille

Est contre le chagrin un merveilleux secours ;

Amis si vous me voulez croire

Nous passerons nos jours à boire,

Bacchus a des appas que l'on aime toûjours.

AUTRE.

AMour, ce petit Satire,

N'aime qu'à rire,

Suivons ses pas,

Qui dit que sous son empire,

Chacun soupire,

Ne le connoist pas :

Nostre esclavage

Doit eſtre affreux

Pour quelque langoureux ,

Qui n'a pas le courage

De ſe rendre heureux.

Et quand les belles

Nous ſont cruelles ,

Elles font fort bien ,

L'Amant le plus tendre,

S'il n'oſe entreprendre ,

Ne mérite rien.

AUTRE

AUTRE.

CHez Rouſſeau portons nos écus,

A la Tontine, amis ne mettons plus la preſſe,

Que fait-on des gros revenus

Qui ne viennent qu'à la vieilleſſe.

Sous le poids de nos ans, dont la charge nous
bleſſe,

L'on ne boit & l'on ne rit plus,

Croyez-moy, mangeons tout dans la belle jeu‑
neſſe,

Quand on eſt vieux les biens ſont ſuperflus.

X

AUTRE.

SI vous m'aimez, Iris, dépeschons-nous de
boire,
Nous en ferons plûtost l'amour.
Vos attraits ne sont point sortis de ma memoire,
Aprés le vin vous aurez vostre tour.

AUTRE.

JE me plais en amour à cacher ma victoire
Ainsi que mes soûpirs,
Qu'un autre y cherche de la gloire,
Pour moy j'y cherche des plaisirs.

AUTRE

LE serein, belle Iris, que tu tenois en cage,

S'est envolé dans d'autres lieux,

L'ingrat estoit l'objet de tes plus tendres veux,

Mon cœur estoit jaloux de son doux esclavage,

Si comme luy j'estois heureux,

Je ne serois pas si volage.

AUTRE.

Sur l'air *des folies d'Espagne.*

AH ! si j'osois, mais je n'ose le dire,

Ah ! si j'osois vous le dire tout bas,

Je n'en puis plus, je m'en vas vous le dire,

Je vous le dis, ne m'entendez-vous pas?

AUTRE.

Sur l'air : *Tranquilles cœurs.*

JE vous verray tranquillement

Paſſer entre les bras d'un autre,

Aſſuré qu'un prompt changement

Me pourra conſoler du voſtre ,

Mais peut-eſtre qu'un jour nous nous plaindrons
tous d'eux

De brûler d'autres feux.

FOLIES D'ESPAGNE.

DOux ruiffeaux, coulez fans violence,

Roffignols ne vantez plus vos voix,

Taifez-vous Zephirs, faites filence,

C'eft Iris qui chante dans ces bois.

Je l'entens, & mon cœur qu'elle attire

La connoift à fes divins accens,

Aux tranfports que fa douceur m'infpire,

Mais bien plûtoft aux peines que je fens.

Que fes yeux ont d'attraits & de charmes,

Que pour eux j'endure de tourmens !

J'ay payé mille fois de mes larmes

Le plaifir de les voir un moment.

Il n'eft point de cœur affez fauvage

Pour les voir fans en eftre amoureux,

Et le mien n'a pû se rendre sage,
Aux dépens de mille malheureux.

Vous deviez au point de ma naissance,
Dieux cruels m'avoir privé du jour ,
Puisqu'il n'est pas en ma propre puissance
De la voir sans en mourir d'amour.

Le transport qui me force à me taire
Est un mal dont je ne puis guerir ,
J'ay résolu de ne jamais déplaire
Aux beaux yeux pour qui je veux mourir.

Tristes pleurs que me cause une absence,
N'allez plus découvrir ma langueur ,
Mais soûpirs faites vous violence ,
Cachez bien le secret de mon cœur.

Confident qui sçavez mon martyre,
Triste écho de ce bois d'alentour,

Taisez-vous, n'allez pas le redire,

Je sens bien qu'il faut mourir d'amour.

❊❊❊

Revenez cher objet que j'adore,

Revenez belle pour qui je meurs,

Revenez plus insensible encore,

J'aime mieux éprouver vos rigueurs.

❊❊❊

S'il est vray que l'amour ait des charmes,

Ce n'est pas du moins pour tous les cœurs,

Je connois qu'elles sont ses allarmes,

Et ne sçais qu'elles sont ses douceurs.

❊❊❊

Cruel amour sous ton fatal empire,

Dont l'Univers revere tant la loy,

Jamais amant depuis que l'on soûpire

N'a tant souffert ni tant aimé que moy.

❊❊❊

Dessous les loix de ma belle inhumaine,

Depuis le tems que tu me fais souffrir,

Je me plains fans ceffe de ma peine ,

Et cependant je ne veux point guerir.

❊ ❊ ❊

Petits oifeaux dont le tendre ramage

Montre qu'Amour vous bleffe de fes coups ,

Je fouffre , helas ! mille fois d'avantage ,

Et cependant je me plains moins que vous.

❊ ❊ ❊

Mon cœur eft plein du feu qui le dévore ,

Sur moy l'amour épuife tous fes traits ,

Mais quand je penfe aux beaux yeux que j'adore ,

Dans mon tourment je trouve des atraits.

❊ ❊ ❊

Il faut , Iris , que le Ciel foit complice

Des tourmens dont tu veux m'accabler ,

Autrement l'on verroit fa juftice

Te punir, & me récompenfer.

❊ ❊ ❊

Quoy , belle Iris , fuffiez vous plus cruelle ,

A vos beaux yeux j'attache tout mon fort ,

J'ay

J'ay tant d'amour, & vous estes si belle,
Que je vous aimeray jusqu'à la mort.

※ ※ ※

Je vous vois, vous m'aimez, je vous aime,
Nos facheux ne sont point avec nous,
Nous n'aurons de témoins que vous-mesme,
Profitons de ce moment si doux.

※ ※ ※

Pleurez mes yeux pleurez ce coup funeste,
J'ay tout perdu en perdant mon Iris;
Cruel destin prenez ce qui me reste,
Et me rendez ce que vous m'avez pris.

※ ※ ※

Ma langueur, mes soûpirs, & mes larmes,
Attendriroient le plus superbe cœur,
Mais, helas! ce sont de foibles charmes
Pour attendrir Iris, & sa rigueur.

※ ※ ※

Belle Iris, dans l'ardeur qui me presse,
Je ne puis m'empescher de mourir,

Z

Laissez-moy, je mourray de tristesse,

Aimez-moy, je mourray de plaisir.

✻✻✻

Beaux jardins, aimable solitude,

Qui voyez mon Iris chaque jour ;

Dites-luy toute l'inquietude

Que je ressens pour avoir trop d'amour.

CHANSON
Composée
PAR UN OFFICIER
DE MARINE,

Lorsque Madame de SEIGNELAY,
avec plusieurs autres Dames
furent voir

LA FLOTTE A BREST.

Rigodon.

Dans nos vaisseaux

Que de beautez ensemble :

On diroit qu'amour assemble

Sa Cour sur les eaux ;

Tel fut le jour

Qu'on vit sortir de l'onde ;

La mere d'Amour ;

Tel fut le jour

Qu'on vit paroistre au monde

Venus & sa Cour.

AUTRES PAROLES

Sur le même Rigodon.

LOin de vos yeux,

En paix sur le rivage

Je contemplois le naufrage,

De cœurs amoureux :

Mais loin du bord,

Un regard doux & tendre

A repoussé mon sort,

Mais loin du bord :

Quel chemin dois-je prendre

Pour aller au port?

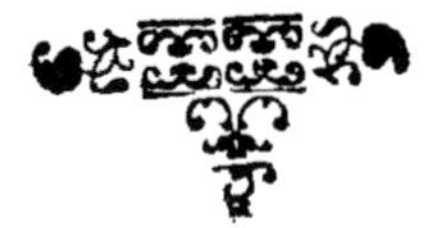

AUTRE RIGODON.

JE crains toûjours

D'avoir le vent contraire,

Et qu'il ne faille faire

Un voyage avec vous de trop long cours,

Si vous n'estes sensible à mes desirs,

Si poussé par le vent de mes soûpirs

Je n'arrive à la rade des plaisirs,

Je sçay bien le moyen

De noyer dans les flots mon destin,

Mais dans les flots de ce bon vin.

AUTRE CHANSON.

BErger prens soin de mon troupeau,

Amour me donne trop d'affaires,

Je vais attendre sous l'ormeau

La plus ingrate des Bergeres.

Ah! quand on eſt bien amoureux,

Tout autre soin paroiſt fâcheux.

A U T R E.

SOrtez méchans bûveurs qui craignez de trop
boire,

A m'enyvrer je mets toute ma gloire,

A boire, à boire, à boire, à boire:

Maudit celuy qui ne boira

Tant que la tonne durera.

AUTRE

Si la rigueur de Celimene

Vous cause du soucy,

Gardez-vous de boire à demi ;

Vous ne ferez qu'augmenter voſtre peine,

Mais comme moy, bûvez toute la nuit,

On rêve avec plaiſir à l'inhumaine,

Quand le bon vin nous a tous endormi.

AUTRE.

Que le ſort à ſon gré me déclare la guerre,

J'ay vû boire Cloris, je ſuis aſſez heureux :

Le vin qui brilloit dans ſon verre,

Se joignoit à l'amour qui brille dans ſes yeux,

Mon cœur ſenſible à tous les deux,

Mit bientoſt ma raiſon par terre,

Au milieu des plaiſirs je devins amoureux ;

Que le ſort à ſon gré me declare la guerre,

J'ay vû boire Cloris, je ſuis aſſez heureux.

AUTRE.

LA jeuneſſe de Catin

Eſt une aimable jeuneſſe,

La vieilleſſe du bon vin

Eſt une aimable vieilleſſe :

Qu'un autre choiſiſſe mieux ,

Chacun raiſonne à ſa guiſe ,

Je veux prendre pour ma deviſe

Jeune Maiſtreſſe, & vin vieux.

AUTRE.

QUe j'eſtois autrefois un volage Berger !

A tout moment ſur la fougere,

J'allois de Bergere en Bergere ,

Me faire un plaiſir de changer ,

Mais depuis que j'ay vû la charmante Sylvie.

Contraint de l'aimer conſtamment ,

Par un extrême changement.

Je veux ne changer de ma vie.

AUTRE.

ABſent des beaux yeux de Climene,

Je ſoûpirois nuit & jour,

Et mon cœur accablé ſous le poids de ſes chaînes,

Eſtoit preſt d'expirer de douleur & d'amour.

Quand Bacchus ſortant d'une treille

Me fit gouſter d'une liqueur vermeille,

Dont les attraits puiſſans

Réveillerent mes ſens.

Soudain je ne ſongeai qu'à chanter & qu'à rire;

Adieu les ſoins, & le martyre,

Ennemis de nôtre repos;

Amour, j'ay noyé dans les pots

Tes flammes, tes feux, ton empire.

AUTRE.

NOn non, vous avez beau faire,

 Cessez de songer

 A m'engager :

 Ma Bergere

 N'est pas legere,

 Rien ne me peut obliger

 A changer.

Pour une Maîtresse nouvelle,

 Change qui voudra,

Tant que Lisette m'aimera,

 Mon cœur fidéle

Ne brûlera que pour elle.

AUTRE.

SI ma Bergere se rit de moy,

Je me ris d'elle,

Toûjours je bois,

Si la volage manque de foy,

Je m'en console,

Elle y perd autant que moy,

C'est une folle.

AUTRE.

Sur l'air *des folies d'Espagne.*

UN tendre amour toûjours nous inquiéte,

Heureux qui vit libre dans ces hameaux ;

Si je n'avois aimé que ma Musette,

Je me serois épargné bien des maux.

AUTRE.

L'Amour le plus doux des vainqueurs ;

Regne fur tous les cœurs ;

Son empire eft fans aucune contrainte ,

J'aime le vin , vous cheriffez Aminte ,

Puifque d'aimer eft un fi doux deftin ,

Qu'importe qui l'on aime ,

Quand l'amour eft extrême ,

Puifque d'aimer eft un fi doux deftin ,

Qu'importe qui l'on aime ,

Amarante , où le vin?

AUTRE.

Je ne puis Colin,

Tarder d'avantage,

En filant mon lin,

Je rentre au vilage,

Mais dans ton hameau

Garde toy de dire,

Que deſſous l'hormeau

Nous venons de rire.

AUTRE.

UN jour Maubert fit un faux pas,

Tenant un flacon fous fon bras,

Rempli d'une liqueur vermeille :

Lors fe voyant ainfi tombé,

Son nez & fon flacon caffé,

Dit en colere fans pareille,

O ! Bacchus, pere de la treille !

Dieu des vifages boutonnez,

Quand je me fuis caffé le nez,

Que n'as tu fauvé la bouteille ?

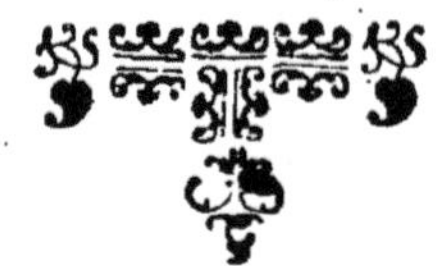

AUTRE.

Si tu veux sans suite & sans bruit
Noyer tous tes chagrins & boire à ta Maî-
tresse ,
Viens à moy , je sçais un reduit
Inaccessible à la tristesse :
Là nous serons servis de la main d'une hô-
tesse ,
Plus belle que l'astre qui luit ,
Et meslant au bon vin quelque peu de tendresse ,
Contents du jour nous attendrons la
nuit.

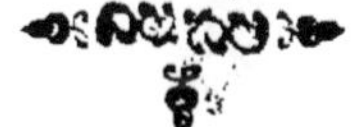

AUTRE.

Sur l'air :

Que l'amour est doux à suivre.

QUe Bacchus est doux à suivre !

Son Empire est sans chagrin :

Un malheureux ne commence de vivre

Que du moment qu'il est entre deux vins.

Est bien fou qui se délivre

D'un estat qui sçait flatter ;

Un malheureux du moment qu'il est yvre

Ne songe plus qu'à rire, & qu'à chanter.

SUR
UN ABBÉ
Qui disoit
DES SERMONS
D'AUTRUY.

Sur l'air : Réveillez-vous,
Belle endormie.

ON dit que l'Abbé de * * * *

    Dit des Sermons qui sont d'autruy :

Pour moy qui sçay qu'il les achette,

    Je soûtiendray qu'ils sont à luy.

AUTRE

JE ne regrette pas la perte que j'ay faite,

Sans chagrin, de ton cœur, je voy le changement,

Il ne merite pas, Iris, qu'on le regrette,

Le mépris que j'en fais m'en console aisément,

Je n'ay perdu qu'une coquette,

Mais tu perds un fidelle amant.

AUTRE.

DOux oiseaux, ce n'est point le jour

Qui vous éveille en ce bocage,

Il n'en sçauroit percer l'ombrage,

Ce ne peut estre que l'amour.

Pour moy, jamais je ne m'éveille,

Mais ne vous en estonnez pas,

C'est que l'impitoyable, helas !

Ne permet pas que je sommeille.

A U T R E.

EN joüant j'ay volé deux baisers de Sylvie,

Ah Dieux ! qu'en ce moment j'ay goûté de

douceur !

Mais, helas ! pour punir cette amoureuse envie,

La cruelle a volé mon cœur.

A U T R E.

ROssignols qui sous ces ombrages

M'entendez plaindre chaque jour,

A vos tendres ramages,

Je reconnois que vous parlez d'amour.

Helas ! pour un cœur qui soûpire,

Que vostre destin paroist doux !

Vous dites librement vostre amoureux martyre,

Petits oiseaux, je suis aussi tendre que vous,

Que ne m'est-il permis comme à vous de le dire ?

AUTRE.

MOn humeur est inconstante,

Je ne sçaurois en amour,

Pour avoir l'ame contente,

Estre constant plus d'un jour.

Le changement me réveille,

J'aime une nouvelle ardeur,

Et je trouve le vin meilleur

Quand je change de bouteille.

AUTRE.

IL n'est point de plaisirs pour un amant fidelle,

Il faut pour estre heureux pouvoir se dégager ;

Quand vous estes prest à changer

A force de faveurs souvent on vous rappelle ;

Auprés d'une beauté ménagez vôtre ardeur,

Ne luy laissez pas voir toute vôtre tendresse,

Un amant qui n'est pas le maistre de son cœur

L'est rarement de sa Maistresse.

AUTRE.

Je veux quitter le vin pour estre ta conqueste,

Il brille moins que tes beaux yeux,

Mais, belle Iris, m'en trouverray-je mieux?

L'amour fait quelquefois plus de mal à la teste

Que le vin le plus furieux.

AUTRE.

Petits moutons qui dans la plaine

Paissez sans craindre les loups,

Ne vous reposez pas sur celuy qui vous meine,

Il songe à son Inhumaine,

Et ne songe point à vous.

AUTRE.

TU ne dois pas jeune Lisette

Choisir d'autre Berger que moy ;

Si tu veux sur l'herbette

Me donner ta foy ,

Mon troupeau , mon chien , ma houlette ,

Tout dépendra toûjours de toy.

AUTRE.

COmme une hirondelle au Printemps ,

Mon Berger revient tout les ans

Me jurer un amour fidelle ,

Mais tous ses sermens sont faux ,

Dés qu'en Automne il voit le vin nouveau ,

Il fuit comme une hirondelle.

STANCES

En forme de Dialogue.

DAMON.

Tandis que vous m'aimiez Sylvie,

Que ma main seule ornoit vostre beau sein de
fleurs,

Que vous me reserviez vos plus douces faveurs,

Les Dieux à mon bonheur pouvoient porter envie

SYLVIE.

Tandis que vostre ardeur fidelle

N'a point d'Amarillis écouté les soûpirs,

Que nous avons ensemble uni tous nos plaisirs,

J'eusse alors dédaigné le sort d'une immortelle.

DAMON.

Maintenant la jeune Amarille

Enleve malgré moy mes plus tendres amours,

Pour elle je mourrois au plus beau de mes jours,

Trop heureux si ma mort luy pouvoit estre utile.

SYLVIE.

Tyrsis sent une ardeur extrême
Qui l'oblige, dit-il, à soûpirer pour moy,
Je le confesse, Amour m'a rangé sous sa loy :
Heureuse si ma mort luy prouvoit que je l'aime!

DAMON.

Si pour le bonheur de ma vie,
Voftre amour renaissoit, & ma premiere ardeur,
Si de toute autre amour je dégage mon cœur,
Pour n'aimer à jamais que l'aimable Sylvie?

SYLVIE.

L'amour de Tyrsis est constante,
Son air, & sa douceur ont de quoy m'engager,
Si pourtant tu m'aimois, infidéle Berger,
Avec toy je vivrois, & je mourrois contente.

TYRSIS.

TYRSIS

EGLOGUE.

Tyrsis au bord d'une fontaine,
Assis à l'ombre d'un ormeau,
Quitta le soin de son troupeau
Pour penser à sa Celiméne.

* * *

Peut-estre est-elle une infidéle,
Qui rit de son mortel ennuy ;
Mais fut-elle ingrate pour luy,
Il ne sçauroit changer pour elle.

* * *

Ainsi dans la cruelle atteinte
Que luy faisoit sentir l'amour,
Tout seul aux échos d'alentour
Il répétoit sa triste plainte.

* * *

Helas ! que ce temps eut de charmes,

Où prés de l'aimable beauté

Qui me tient encore enchanté,

J'ignorois toutes ces allarmes.

Alors aucun deftin funéfte

Ne troubloit nos vœux innocens,

Nous aimions l'amour & nos chants,

Et nous méprifions tout le refte.

Aujourd'huy loin de ce que j'aime,

Je fouffre un rigoureux tourment,

Mais malgré cet éloignement,

Mon amour eft toûjours le mefme.

Tout me rappelle cette image,

Que mon efprit aime, & qu'il fuit,

Celimene abfente me fuit

Dans le defert le plus fauvage.

Ingrate beauté que j'adore ,
Par qui je me vis enflammé ,
Ah ! pourquoy m'avez-vous aimé ?
Ou que ne m'aimez-vous encore ?

✻✻✻

Que j'aimai vôtre complaisance ,
Lorsque seul prés de vous assis ,
Vous daigniez promettre à Tyrsis
Un autre prix de sa constance.

✻✻✻

Je ne perdray point la memoire
De ce temps si court & si doux ,
Vous voir , & soûpirer pour vous ,
Fut alors mon unique gloire.

✻✻✻

Ah ! Bergere trop inhumaine ,
Vous m'avez dit plus de cent fois
Auprés du ruisseau que je vois,
Aime toûjours ta Celiméne.

✻✻✻

Bb ij

Si jamais je suis infidelle,

Ruisseau, témoin de nos amours,

On te verra prendre ton cours

Contre ta pente naturelle.

✽✽✽

Ruisseau, remonte vers ta source,

Celiméne a pû me quitter ;

Si tu veux aussi l'imiter,

Il te faut prendre une autre course.

✽✽✽

Mais peut-estre, helas ! téméraire,

Je l'accuse à tort de rigueur ;

Bannit-on si-tost de son cœur

Un objet qui nous a sçû plaire ?

✽✽✽

Son amour est toûjours le même,

Je luy plais encor : Mais pourquoy

Vit-elle heureuse loin de moy ?

Ah ! ce n'est pas ainsi que j'aime.

✽✽✽

Il en auroit dit davantage,

Mais la nuit l'attire au hameau ;

Tout triste il conduit son troupeau,

Et s'en va rêver au village.

F I N.

EXTRAIT DU PRIVILEGE
du Roy.

PAR Privilege du Roy donné à Paris le 10 Septembre 1694. Signé, Par le Roy. LE COMTE, & scellé du grand Sceau de cire jaune : Il est permis à SIMON BENARD, Libraire à Paris, d'imprimer ou faire imprimer en *un* ou *plusieurs* Volumes, un Livre intitulé, *Recueil de Chansons choisies*, pendant le temps & espace de *huit années* consecutives, à commencer du jour que chaque Volume sera achevé d'imprimer ; iceluy vendre & debiter par tout le Royaume, & défenses sont faites à toutes personnes de quelque qualité & condition qu'elles soient, d'imprimer ou faire imprimer ledit Livre ou chaque Volume dudit Livre, sous quelque pretexte que ce puisse estre, sans le consentement dudit BENARD, ou de ses ayans cause, à peine de trois mille livres d'amende, &c. lesquelles Lettres, *sans qu'il soit besoin d'autre signification*, seront tenuës pour bien & deuëment signifiées, &c. ainsi qu'il est porté plus au long dans ledit Privilege.

Registré sur le Livre de la Communauté des Libraires & Imprimeurs de Paris, le 22. Octobre 1694.

Signé, P. AUBOUYN, Syndic.

Achevé d'imprimer pour la premiere fois le 15. Novembre 1694.

Les Exemplaires ont été fournis.